WESTEND

Albrecht Müller
Wolfgang Lieb

Nachdenken über Deutschland

Das kritische Jahrbuch
2014/2015

WESTEND

Mehr über unsere Autoren und Bücher:
www.westendverlag.de

Die Deutsche Nationalbibliothek verzeichnet diese Publikation in der Deutschen Nationalbibliografie; detaillierte bibliografische Daten sind im Internet über http://dnb.d-nb.de abrufbar.

ISBN 978-3-86489-075-8
© Westend Verlag GmbH, Frankfurt/Main 2014
Lektorat: Brigitte Baetz
Satz: Publikations Atelier, Dreieich
Druck und Bindung: CPI – Clausen & Bosse, Leck
Printed in Germany

Inhalt

Selber denken –
NachDenkSeiten lesen!

Bei der Durchsicht und der Auswahl der Texte für das Jahrbuch 2014/2015 waren wir selbst überrascht: Wir haben einmal mehr festgestellt, wie viele Informationen, Fakten, Argumente und Dokumente die NachDenkSeiten im Laufe eines Jahres enthalten. Auch für unsere eigene tägliche Arbeit an Artikeln und für die Aufarbeitung von Sachthemen ist es hilfreich und nützlich, über eine gedruckte Fassung der Texte zu den wichtigsten Themen zu verfügen – schwarz auf weiß, eben auf Papier.

Probieren Sie es doch einmal selbst aus und nutzen Sie den vorliegenden Band, wenn Ihnen Zweifel an der medial vermittelten wirtschaftlichen und sozialen Lage in Deutschland und Europa kommen. Sie werden bei der Lektüre unseres Jahrbuchs auf vielfältige und massive Versuche der Meinungsmache, ja sogar der Meinungsmanipulation stoßen, denen wir alle täglich ausgesetzt sind. Das betrifft die Heilsversprechen der neoliberalen Wirtschafts- und Finanzpolitik, die ja in Wirklichkeit längst gescheitert ist. Das betrifft die Ökonomisierung unseres Bildungswesens. Das betrifft die Verharmlosung der Totalüberwachung durch die Geheimdienste. Das betrifft die Manöver, mit denen von der Hilflosigkeit der deutschen Politik gegenüber den USA abgelenkt werden soll.

Wir dokumentieren Texte und Belege, die zeigen, wie die Militarisierung des Denkens auf erschreckende Weise vorangetrieben wird. »*Nie wieder Krieg!*« – dieser Appell nach den Schrecken des Zweiten Weltkrieges ist inzwischen verhallt. »*Wir wollen ein Volk der guten Nachbarn sein und werden, im Innern und nach außen*« – dieses Versprechen, das Bundeskanzler Willy Brandt einmal gab, wird aufgekündigt. Während des Kalten Krieges wurden »*vertrauensbildende Maßnahmen*« beschlossen, die schließlich zur Aufhebung des Eisernen Vorhanges beitrugen. Heute wird mit dem hilflosen Ruf nach »*Sanktionen*« eine neue Konfrontation gesucht. Hier eskaliert ein neuer Ost-West-Konflikt. Wir belegen das nicht nur, sondern kämpfen mit Argumenten und Tatsachen gegen diese sinnlose und gefährliche Politik an. Und wir stellen uns gegen eine von der deutschen Regierung bestimmte Krisenpolitik, die mit Lohn- und Sozialdumping die Idee eines vereinten und friedlichen Europas vergiftet.

Wir wünschen Ihnen bei der Lektüre dieses nunmehr achten kritischen Jahrbuchs »*Nachdenken über Deutschland*« das Vergnügen, die Dinge aus einem anderen Blickwinkel zu betrachten, neue Ideen zu entdecken, und den Nutzen, besser zu verstehen, was in Politik, Wirtschaft und Gesellschaft so vor sich geht.

Wir danken Frank Bsirske für das engagierte Vorwort. Dankbar sind wir auch Jens Berger und anderen NachDenkSeiten-Autoren. Ohne ihre Texte und natürlich nicht zuletzt ohne die Impulse unserer Leserinnen und Leser wären die NachDenkSeiten nicht denkbar.

Albrecht Müller und Wolfgang Lieb

Arbeit 4.0

Ein Beitrag von Frank Bsirske

Das Jahr 2015 wird für die Gewerkschaften ein Jahr des Aufbruchs und des Umbruchs: Wenn zum 1. Januar 2015 der gesetzliche Mindestlohn mit einer – von einigen Ausnahmen abgesehen – einheitlichen Lohnuntergrenze in ganz Deutschland gilt, dann haben sie einen Durchbruch erreicht, von dem mehr als drei Millionen Menschen direkt profitieren und der zugleich eine Wende auf dem Arbeitsmarkt hin zu einer stabileren Tarifvertragslandschaft einleitet. Denn auf der Basis des gesetzlichen Mindestlohnes werden frei ausgehandelte und, wo es notwendig ist, auch für allgemeinverbindlich erklärte Tarifverträge stehen. Sie werden höhere Löhne und bessere Arbeitsbedingungen sichern und der Erosion der Arbeitsbeziehungen entgegenwirken. Gewiss: Was im Gesetzblatt steht, ist noch keine Realität, aber die Gewerkschaften werden in der Lage sein, diese Neuordnung der Arbeit mit dem Gesetzgeber zusammen durchzusetzen. Und: Nicht nachlassen werden die Gewerkschaften bei der Eingrenzung und Zurückdrängung entsicherter Arbeitsverhältnisse. Die Fortschritte bei der Neuregelung der Leiharbeit müssen erst tatsächlich umgesetzt werden. Dem Missbrauch der Werkverträge muss Einhalt geboten und vor allem die sachgrundlose Befristung muss gestrichen und der Kündigungsschutz wieder gestärkt werden. Zur modernen Arbeitswelt gehört der aufrechte Gang der Beschäftigten und nicht Abhängigkeitsverhältnisse aus Angst um den Arbeitsplatz, um die Verlängerung des Arbeitsvertrages, um den Lohn für den nächsten Tag. Dieser Aufbruch verlangt viel Kraft – ebenso wie die Tarifrunden diesen Jahres, die um der wirtschaftlichen Entwicklung und der Gleichgewichte in Europa willen zu deutlich höheren Reallöhnen führen müssen.

Zum Aufbruch in der Arbeitswelt gehören auch die Wahrnehmung und die Auseinandersetzung mit fundamentalen, fast revolutionär zu nennenden Entwicklungen in der Arbeit selbst: »Industrie 4.0« – diese Metapher für die digitale Revolution in der industriellen Produktion des 21. Jahrhunderts, in der menschliche Arbeit weitgehend durch sich selbst steuernde Maschinen abgelöst werden soll, weist auf einen tiefgreifenden Umbruch in der Arbeitswelt hin. Die Digitalisierung der Arbeit durchdringt alle Dimensionen moderner Arbeit: die Produktions-, die Dienstleistungs- und die Wissensarbeit. Während die Aufmerksamkeit von Wirtschaft und Politik sich vor allem auf die Herausforderungen in der Produktionsarbeit konzentrieren, wird nur allzu leicht die Dynamik in der Digitalisierung von Dienstleistungen und Dienstleistungsarbeit übersehen, die bereits heute gravierende Folgen für Wirtschaft und Gesellschaft hat.

Schon heute werden in Deutschland rund 70 Prozent der Bruttowertschöpfung in den Dienstleistungsbranchen erarbeitet und mehr als 70 Prozent aller Erwerbstätigen sind mit Dienstleistungen beschäftigt. Zugleich ist der Anteil der durch Digitalisierung erzeugten Wertschöpfung im Dienstleistungsbereich auf ein Drittel der gesamten Wertschöpfung angewachsen – Tendenz steigend.

In einer Studie für die Vereinigung der Bayrischen Wirtschaft kommt *Prognos* zu dem Fazit: »Insbesondere die Dienstleistungsbranchen dominieren in der Gruppe der Spitzenreiter der hoch digitalisierten Branchen. Der tertiäre Sektor ist kein Nachzügler, sondern steht an der Spitze der Digitalisierung.

Für diejenigen, die Dienstleistungen in Anspruch nehmen oder für die sie erbracht werden, hat dies bereits heute tiefgreifende

Folgen bis in den Alltag hinein: Das Internet wird zur Plattform für Information, Kommunikation und Dienstleistungen. Online-Banking, Online-Buchung, Online-Bestellungen prägen das Kundenverhalten. Der Geschäftsverkehr, sei es mit Firmen oder Verwaltungen, wird immer mehr online abgewickelt. Wer mit Bus oder Bahn fährt, sollte digital gesteuerte Automaten bedienen können. Kritisch wird die Automatisierung von Dienstleistungen dann, wenn Menschen keinen Internetzugang haben oder nicht damit umgehen können. Noch kritischer sind Digitalisierungsprozesse im Bildungs-, Sozial- und Gesundheitswesen, in denen die Interaktion, die Begegnung von Mensch zu Mensch, an erster Stelle stehen muss – im Unterricht, im Beratungsgespräch, am Krankenbett. Sie kann und darf nicht durch digitale Medien oder den Einsatz von Automaten ersetzt werden. Noch kritischer sind die neuen Möglichkeiten des Big Data, der unendlichen Verknüpfung von Daten, zu bewerten, wenn sich über sie Konsumgewohnheiten ebenso wie Sozialverhalten nachvollziehen und bewerten lassen.

Die Anforderungen an die Gestaltung von digitalen Dienstleistungen gehen weit über die Konstruktion und Entwicklung des Dienstleistungsgeschehens hinaus: Zugänglichkeit und Nutzbarkeit von Dienstleistungen darf nicht von Einkommen und Bildungsgrad in einem Maße abhängig gemacht werden, dass etwa Dienstleistungen der Daseinsfürsorge und Vorsorge nicht mehr in Anspruch genommen werden. Digitale Dienstleistungen müssen verbraucherfreundlich sein und nicht zusätzliche Hürden – etwa im Umgang mit Automaten und im Internet – errichten. Das Recht auf informationelle Selbstbestimmung und Datenschutz muss Vorrang haben vor ökonomischen Interessen. Umfassende Informationen über Chancen und Risiken sind verständlich zu vermitteln.

Ohne Digitalisierung lassen sich viele Dienstleistungen heute quantitativ wie qualitativ nicht erbringen. IT-gestützte Dienstleistungssysteme zur Mobilität, Energieversorgung, Gesundheit, Bildung, Medien oder auch der öffentlichen Verwaltung sind für Wirtschaft, Gesellschaft und Staat unverzichtbar. Aber sie müssen von den Menschen, für die sie erbracht werden, und von einer kritischen Öffentlichkeit, einer aufmerksamen Politik und auch den Gewerkschaften mitgestaltet werden. Entsprechend artikulieren die Gewerkschaften zunehmend, welche Herausforderungen die Digitalisierung der Arbeit in den Dienstleistungen für die Beschäftigten bedeuten.

Eine Studie der Friedrich-Ebert-Stiftung (Schwemmle / Wedde, 2012) hat den Grad der Digitalisierung der Arbeit ermittelt: Digitale Arbeit als Arbeit, die unter maßgeblicher Nutzung informations- und kommunikationstechnischer Arbeitsmittel stationär und zunehmend mobiler Geräte verrichtet wird und deren Arbeitsgegenstände in wesentlichen Anteilen als Informationen in digitaler Arbeit existieren, wird heute in Deutschland zu 98 Prozent in Unternehmen der Finanz- und Versicherungsdienstleistungen, zu 95 Prozent in der Informations- und Kommunikationsbranche, zu 91 Prozent in freiberuflichen, wissenschaftlichen und technischen Dienstleistungen, zu 59 Prozent im verarbeitenden Gewerbe und zu 47 Prozent in sonstigen Dienstleistungen verrichtet. Schlusslichter sind das Baugewerbe mit 36 Prozent und das Gastgewerbe mit 28 Prozent. Welche Auswirkungen dies auf die Zahl der Arbeitsplätze hat, lässt sich noch nicht abschätzen: Bei den Finanzdienstleistungen und im Handel, im Verwaltungsbereich von Unternehmen und Behörden, von öffentlichen und privaten Einrichtungen, aber auch in den Medien und im Bildungssektor gibt es erhebliche Potenziale für Rationalisierung und Arbeitsplatzabbau. Andererseits nimmt die Beschäftigung in den sozialen Dienstleistungen, in der Beratungsbranche, in der Wissenschaft, bei Forschung und Entwicklung zu. Die von Martin Baethge 2011 prognostizierte Zunahme von Arbeitsplätzen im sogenannten sekundären, das heißt wissensgestützten Dienstleistungssektor beschleunigt sich. Dienstleistungsfacharbeit wird zunehmend gefragt – darauf weist auch die Diskussion über

Fachkräftemangel in Dienstleistungen, insbesondere im Gesundheits- und Bildungswesen, hin: Arbeitsplätze gehen hier verloren, werden dort aufgebaut – aber die Arbeit geht nicht aus.

Für die Beschäftigten stellen diese Entwicklungen hohe Anforderungen an ihre Qualifikation und ihre Bereitschaft, sich ständig weiterzubilden. Betriebs- und Personalräte müssen sich ebenso wie die Gewerkschaften in ihrer Berufsbildungs- und Weiterbildungspolitik auf die immer höheren Anforderungen wissensbasierter Dienstleistungsarbeit einstellen.

Die Digitalisierung verändert zugleich die Arbeits- wie die Lebenswelt der Beschäftigten. Schwemmle und Wedde weisen auf die steigende Nutzungsintensität der Informations- und Kommunikationstechnologien bei Erwerbstätigen hin. In Deutschland nutzen 85 Prozent den Computer täglich, 12 Prozent mindestens einmal die Woche. Der Nutzungsort für 94 Prozent ist das eigene Zuhause, für 70 Prozent der Arbeitsplatz, bei 21 Prozent die Wohnung einer anderen Person und bei 13 Prozent andere Orte wie das Flugzeug, die Bahn und so weiter.

Digitalisierung beschleunigt Mobilität. Arbeit rund um die Uhr ist ebenso möglich wie neue Formen der Vereinbarkeit von Arbeit und Leben. Die Kreativwirtschaft steht für solche Freiheitsgrade und ein erheblicher Teil der dort Erwerbstätigen arbeitet als Freiberufler und Soloselbständiger digital. Von ihnen, aber auch von vielen digital arbeitenden abhängig Beschäftigten, werden feste Arbeitszeitvorgaben oder Vorschriften zur Arbeitsplatzgestaltung als unnötige Freiheitsbegrenzung abgelehnt und sie lassen sich auch ungern in feste Schemata der Arbeitsorganisation pressen.

Welche Befreiung von und in der Arbeit ist hier möglich, wären da nicht die Anforderungen der Arbeitgeber und die Zwänge einer hochgradig vernetzten Arbeitswelt. Dennoch wird gerade in den letzten Jahren deutlich, dass der schönen neuen Arbeitswelt Grenzen gesetzt werden. Die psychische Belastung steigt immer stärker an, ständige Erreichbarkeit im Netz zerstört die Freiräume für freie Zeit oder Familienarbeit. Hinzu kommen technische Probleme, die dann oft von den Betroffenen selbst durch zusätzliche Arbeitsleistung behoben werden. So unbegrenzt wie die neue Freiheit ist allerdings auch die Konkurrenz untereinander und die Selbstbestimmung über die Arbeitsabläufe hat zugleich eben auch im Internet die Kontrollmacht der Arbeitgeber wachsen lassen.

Gute digitale Arbeit wird so zunehmend zu einer Gestaltungsaufgabe für Betriebs- und Personalräte und die Gewerkschaften. Dazu benötigen sie auf der einen Seite gesicherte arbeitswissenschaftliche Erkenntnisse. Aber die Geschwindigkeit, mit der immer neue Modelle und Formen digitaler Arbeit entwickelt werden – etwa Arbeiten in der Cloud und in der Crowd –, lässt die Arbeitsforschung weit hinter sich zurück. Darum gehören die Entwicklung digitaler Dienstleistungen und die digitaler Dienstleistungsarbeit im Kern zusammen. Aber schon heute wissen wir, dass dringend Grenzen gesetzt werden müssen: Grenzen der zeitlichen Mobilität durch das Recht auf Nichterreichbarkeit; Grenzen der Überwachung und Kontrolle durch einen Beschäftigtendatenschutz. Vorausschauend digitale Arbeit zu gestalten ist aber nicht nur eine Aufgabe der Dienstleistungs- und Arbeitsforschung oder des Arbeitsschutzes. Sie ist auch eine Aufgabe, die von den digital Tätigen selbst in Angriff genommen werden kann.

Der individuellen Mitgestaltung in Verbindung mit der kollektiven Mitbestimmung eröffnen sich gerade durch die digitale Kommunikation neue Möglichkeiten. Virtuelle Abteilungsversammlungen, virtuelle Betriebsversammlungen, Arbeitsgruppen von Beschäftigten und Betriebsräten, Expertenrat digital angefragt, dies alles ist möglich, muss aber von den Arbeitgebern eingefordert werden.

Können neue Formen der Kommunikation und der Verständigung, erweiterte Mitgestaltung und Mitbestimmung jene Entwicklung auffangen, die mit der digitalen Arbeit in vielen Bereichen einhergeht, nämlich die zunehmende Individualisierung der Arbeitsleistung und der Arbeitsbeziehungen?

So wirft die Arbeit 4.0 nicht nur die Fragen nach den Grenzen ihrer Anwendbarkeit auf – was überhaupt digitalisiert werden kann und wo sie direkte menschliche Kommunikation nicht mehr ersetzen sondern nur ergänzen kann. Sie wirft nicht nur die Frage nach den Grenzen des Arbeitsvermögens und der Arbeitsleistung auf. Sie stellt auch die Frage nach Mitbestimmung und Beteiligung und damit nach Macht und Gestaltungsräumen in der Arbeitswelt neu.

1 Wahn und Wirklichkeit
Wie gut geht es uns wirklich?

Niemand wird bestreiten, dass wir – global betrachtet – in großem Wohlstand leben. Sauberes Trinkwasser, sichere Straßen, eine gute Infrastruktur machen das Leben lebenswert. Doch in Deutschland öffnet sich die Schere zwischen Reich und Arm immer weiter – während die Medien das Bild des saturierten Bürgers in der Hängematte malen.

Chronik der Steuererleichterungen für Reiche und Unternehmer
29. August 2013 / Rubrik: Andere interessante Beiträge / von Wolfgang Lieb

Der Manipulationsapparat gegen mögliche Steuererhöhungen, wie sie SPD, Grüne und Linkspartei in Aussicht stellen, läuft auf Hochtouren; dabei sind die Wirtschaftsverbände, die wirtschaftsnahen Medien, CDU und FDP. Auch der wirtschaftsliberale neue Chef des *Deutschen Instituts für Wirtschaftsforschung* (*DIW*) reiht sich in die Reihe der Kritiker ein. Schon rücken Ministerpräsident Kretschmann von den Grünen und der SPD-Vorsitzende Gabriel von den Plänen für Steuererhöhungen ab, wie sie in ihren Wahlprogrammen stehen.

Wir wollen der Hysterie die Basis nehmen und aufzeigen, welche Steuern für Reiche und Unternehmer in den letzten Jahren gesenkt wurden. Deshalb haben die Autoren des Buches »*Lügen mit Zahlen*« Gerd Bosbach und Jens Jürgen Korff dankenswerterweise eine kleine Chronik der Steuererleichterungen zusammengestellt.

Welche Steuern für Reiche oder Unternehmer wurden in den letzten Jahren gesenkt, und wann?

Der Reigen der Steuersenkungen begann **1997** damit, dass die **Vermögenssteuer** nicht mehr erhoben wurde. Anlass war ein Urteil des Bundesverfassungsgerichts, das die Bundesregierung gezwungen hätte, Immobilienvermögen realistisch nach ihrem Zeitwert einzuschätzen. Statt das zu tun, verzichteten die Bundesländer lieber freiwillig auf zuletzt gut neun Milliarden DM Einnahmen aus der Vermögenssteuer.

Ab 2000 ging es weiter:

Der **Spitzensteuersatz der Einkommensteuer** wurde von 53 Prozent bis 2005 auf 42 Prozent abgesenkt. 2007 stieg der Spitzensteuersatz beim Einkommen wieder auf 45 Prozent, aber nur für Einkommen ab 250 000 € für Ledige und 500 000 € für Verheiratete, während der frühere Spitzensteuersatz schon bei etwa 55 000 € für Ledige griff. Die **Kapitalertragssteuer** auf Zinsen wurde **2008** von der fast immer höheren Einkommensteuer abgekoppelt und auf 25 Prozent gesenkt.

Die **Körperschaftssteuer** sank **2000** von 45 auf 40 Prozent, 2002 weiter auf 25 Prozent und **2008** schließlich auf nur noch 15 Prozent.

Veräußerungsgewinne beim Verkauf von Betriebsvermögen wurden **2002** völlig steuerfrei, was die unheilvollen Aktivitäten der Hedgefonds dramatisch begünstigte.

Der Erbschaftssteuer-Satz liegt für Erben der Steuerklasse I (z. B. Kinder) oberhalb eines Freibetrags bei zunächst sieben Prozent und steigt dann für die größeren Vermögen bis auf den Spitzensatz von 30 Prozent. Das ist seit 1974 so. Die **Erbschaftssteuerreform von 2008** schuf zahlreiche Möglichkeiten, betriebliches

Vermögen von der Erbschaftssteuer auszunehmen. Davon profitieren besonders die reichen Familien, weil deren Vermögen überwiegend die Form von Unternehmensanteilen hat.

Diese und weitere Steuererleichterungen führten nach Einschätzungen der gewerkschaftsnahen Ökonomen Kai Eicker-Wolf und Achim Truger zu **strukturreformbedingten Ausfällen von rund 400 Milliarden Euro von 2000 bis 2011**.

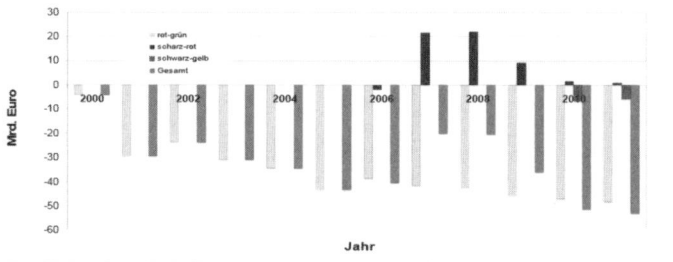

Abbildung 1: Die steuerreformierten Ausfälle aufgrund von Steuergesetzänderungen seit 1998 in den Jahren 2000- 2011*

Die Säulen repräsentieren jeweils die Maßnahmen der rot-grünen (SPD, Bündnis 90/Die Grünen), der schwarz-roten (SPD und CDU/CSU) und der schwarz-gelben (CDU/CSU und FDP) Regierungen. Die dunkelgraue Säule stellt den Saldo für das jeweilige Jahr dar.

Quelle: Bundesministerium der Finanzen, eigene Berechnungen und Darstellung.

Quelle: *www.denk-doch-mal.de*

Hinzu kommt, dass nach Untersuchungen des *DIW* die Unternehmen jährlich (!) etwa 90 Milliarden Euro durch legale Tricks an Steuern zurückhalten.

Wenn man zusätzlich auch noch die Hilfen an die Banken während der Finanzkrise berücksichtigt, ist verständlich, warum der Staat für sehr viele wichtige Aufgaben heute zu wenig Geld hat.

Der normale Bürger hat nicht über seine Verhältnisse gelebt. Nutznießer der Steuerreformen waren nach einer Studie des *DIW* von Stefan Bach eindeutig die Reichen, so dass selbst das *Handelsblatt* am 20.8.2012 titelte: »*Rot-grüne Reformen nutzten vor allem den Reichen*«.

Anmerkung Wolfgang Lieb:

Natürlich verteidigen die steuerlich Begünstigten ihre Vorteile mit Zähnen und Klauen. Sie haben auch die nötige Macht und die Mittel die öffentliche Meinung entsprechend zu beeinflussen, sei es durch die Finanzierung von Think-Tanks oder Wissenschaftlern, sei es über die Berichterstattung in den Medien.

Dennoch hat das »große Geld« die öffentliche Meinung nicht beeindrucken können. Fast drei Viertel der Deutschen halten Steuererhöhungen für Menschen mit höherem Einkommen für richtig:

Fänden Sie es richtig oder nicht richtig, die Steuern für Menschen mit höherem Einkommen zu erhöhen?

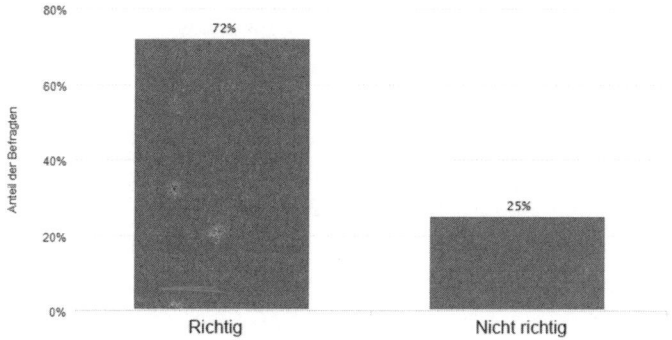

Deutschland; ab 18 Jahre; Wahlberechtigte; 1.006 Befragte; Infratest dimap; 29.04.2013 bis 30.04.2013

Quelle: *Statista*

Vergleicht man dieses Meinungsbild mit den Umfragen über die Wahlabsichten, so ist dies ein Indiz für eine Bewusstseinstrübung bei den Wählerinnen und Wählern. Dass der SPD-Vorsitzende Sigmar Gabriel oder einflussreiche Grüne wie der baden-württembergische Ministerpräsident Winfried Kretschmann dann auch noch einknicken, dann wohl, weil sie vor dem »großen Geld« in diesem Lande in die Knie gehen.

Uns könnte es besser gehen

12. September 2013 / Rubrik: Einkommens- und Vermögensverteilung, Niedriglohnsektor / von Jens Berger

Der Wahlkampf hat die Frage hochgespült, ob es »uns« denn wirklich gut geht. Angela Merkel und ihre Spießgesellen sind davon überzeugt – während die Opposition zu Recht darauf hinweist, dass es Millionen Deutschen sicher nicht gut geht: weil sie erwerbslos sind oder im Niedriglohnsektor arbeiten. Doch diese Diskussion lässt einen wichtigen Punkt außen vor. Auch wenn es der Mehrheit der Deutschen wirtschaftlich sicher ganz gut geht, sind auch sie Opfer der Politik der letzten Jahre und Jahrzehnte. Man sollte sich daher auch nicht fragen, ob es »uns« gut geht, sondern ob es »uns« mit einer anderen Politik nicht viel besser gehen könnte. Es ist erstaunlich, warum Oppositionspolitiker diese Frage nicht stellen, geht es hierbei doch um die viel zitierte Mitte der Gesellschaft, die angeblich Wahlen entscheidet. Die Frage, ob es den Deutschen wirtschaftlich gut geht, ist nicht nur eine Frage von Niedriglöhnen und prekären Arbeitsverhältnissen. Auch Arbeitnehmer, deren Einkommen weit über der Niedriglohnschwelle liegen, sind von den politischen Entwicklungen des letzten Jahrzehnts betroffen. Nach Berechnungen des WSI sind die Einkommen der deutschen Arbeitnehmer im letzten Jahrzehnt um 0,8 Prozent gesunken, während sie im gleichen Zeitraum nicht nur im vermeintlich »unsoliden Olivengürtel«, sondern auch in Ländern, die durchaus mit Deutschland vergleichbar sind, deutlich gestiegen sind. So konnten beispielsweise im letzten Jahrzehnt die Arbeitnehmer in den als grundsolide geltenden Staaten Niederlande (12,4 Prozent), Schweden (17,9 Prozent), Finnland (18,9 Prozent) und Dänemark (19 Prozent) deutlich höhere Reallohnsteigerungen erzielen. Auch Großbritannien liegt mit 26,1 Prozent deutlich vor Deutschland. Für einen deutschen Arbeitnehmer mit einem monatlichen Nettogehalt von aktuell 2 000 Euro bedeuten diese Zahlen, dass er bei einer Lohnentwicklung wie in den Niederlanden jeden Monat 248 Euro mehr in der Tasche hätte – bei einer Lohnentwicklung wie in Dänemark wären es sogar stolze 380 Euro. Und diese Zahlen betreffen die Reallöhne – etwaige Kostensteigerungen sind also schon berücksichtigt.

Die Zahlen sind recht eindeutig. Dem unteren Viertel der Einkommensbezieher geht es heute deutlich schlechter als vor zehn Jahren, dem oberen Viertel geht es deutlich besser, und die Einkommen der großen Mitte, die rund die Hälfte der Arbeitnehmer umfasst, stagnieren seit Jahren. Diese Stagnation der deutschen Reallöhne bedeutet, dass die Arbeitnehmer seit mehr als einem Jahrzehnt vom volkswirtschaftlichen Wachstum abgekoppelt sind. Dem Durchschnittsverdiener geht es rein wirtschaftlich summa summarum heute genauso gut oder schlecht wie vor zehn Jahren. Das ist sicher keine Botschaft, die man in einer »Uns-geht-es-doch-gut-Kampagne« transportieren sollte.

Diese Entwicklung ist freilich nicht vom Himmel gefallen. Das Trommelfeuer der arbeitgebernahen Lobbyorganisationen und ihres politischen Arms in den Regierungsparteien war und ist ja nicht zu überhören. Höhere Löhne, so scheint es der politische Kanon im Lande zu sein, würden den Standort beschädigen und damit gesamtwirtschaftliche und gesellschaftliche Nachteile mit sich bringen. Früher sagte man »*Du bist nichts, Dein Volk ist alles*«, heute appelliert man an eine gesellschaftlich verantwortliche Lohnzurückhaltung, was sich netter anhört, jedoch bei näherer Betrachtung der gleiche Unfug ist. Hätten die Lohnkostenapologeten recht, müssten ja Staaten wie die Niederlande, Schweden, Finnland oder Dänemark mittlerweile von der Karte der prosperierenden Volkswirtschaften verschwunden sein. Das Gegenteil ist jedoch der Fall.

Von den skandinavischen Ländern will unsere Politik jedoch nichts hören. Die »Unions-Grandezza« Ursula von der Leyen führt stattdessen regelmäßig Bulgarien ins Feld, um zu belegen, dass selbst deutsche Niedriglöhner relativ hohe Einkommen haben. Dieser Vergleich ist derart schräg, dass es sich gar nicht lohnt, darauf ernsthaft einzugehen. Warum nehmen wir nicht gleich Somalia als Maßstab? Dann könnte man zumindest mit voller Inbrunst und Überzeugung sagen, dass es selbst deutschen Obdachlosen verdammt gut geht. Aber welchen geistigen Mehrwert hätte diese Erkenntnis? Wer die Erfolge und Misserfolge der Politik bewerten will, muss schon einen etwas ambitionierteren Maßstab anlegen. Und es gibt keinen Grund, warum die skandinavischen Staaten kein Vorbild für Deutschland sein sollten. Im Vergleich zu den skandinavischen Staaten schneidet Deutschland jedoch erbärmlich ab. Uns könnte es besser gehen, wenn wir das denn nur wollten.

Wenn man sich fragt, ob es uns gut geht, spielen natürlich auch andere Faktoren als das Gehalt eine Rolle. Aktuell leisten die deutschen Arbeitnehmer beispielsweise jedes Jahr 1,4 Milliarden unbezahlte Überstunden. **Arbeitsverdichtung, Stress und Burnout sind vor allem Arbeitnehmern ein Begriff, die als hochqualifiziert gelten und nicht eben schlecht verdienen.** So mancher Facharbeiter oder Ingenieur kann zwar problemlos seine Rechnungen bezahlen, hat aber keine Zeit und Energie, um abseits der Arbeit ein zufriedenstellendes Privatleben zu führen. Geht es diesen Menschen gut, Frau Merkel? Auf der anderen Seite wünschen sich – nach aktuellen Zahlen des Statistischen Bundesamtes – rund 6,7 Millionen Menschen in diesem Land mehr Arbeit. Auch diesen Menschen geht es nicht gut.

Es gibt zahlreiche Faktoren, die das Wohlbefinden bestimmen und politisch regulierbar sind. Fühlt sich beispielsweise der IT-Fachmann wirklich gut, der von einem befristeten Arbeitsvertrag in den nächsten springt und keine Planungssicherheit hat, um eine Familie zu gründen? Geht es dem jungen Ingenieur gut, von dem eine hohe Mobilität erwartet wird und der nicht weiß, an welchem Standort seiner Firma er in drei Jahren tätig sein wird? Geht es der alleinerziehenden Ärztin gut, die nicht weiß, wie sie ihren Schichtdienst mit dem Zeitfenster der Kitas vereinbaren soll? Geht es dem aufstrebenden Betriebswirt gut, dessen Konto sich Monat für Monat auch deshalb füllt, weil von ihm erwartet wird, dass er so viel arbeitet, dass er weder Zeit noch Gelegenheit hat, ein Privatleben zu führen? All diese Menschen, denen es nicht gut geht, gehören nicht der Gruppe der Niedriglöhner an. Und all diesen Menschen könnte es womöglich besser gehen, wenn die deutsche Politik im letzten Jahrzehnt andere Prioritäten gesetzt hätte. Die Frage sollte daher nicht lauten »*Geht es uns gut?*«, sondern »*Könnte es uns besser gehen?*«

Immer wieder sorgt die GfK für maximales Fremdschämen

26. Juni 2014 / Rubrik: Aktuelles, Medienkritik, *Spiegel/Spiegel Online* / von Jens Berger

Liebe Kollegen von *Spiegel Online*,

mir ist vollkommen bewusst, dass Ihr keinen einfachen Job habt. Für Eure Chefs zählen nur Klicks: Und Klicks erreicht man natürlich vor allem dann, wenn man möglichst viele Artikel publiziert, die mit möglichst wenig Arbeitsaufwand möglichst viele Leser finden. Millionen Fliegen können schließlich nicht irren. Ich weiß auch, dass Ihr eine viel zu dünne Personaldecke habt und die Vorgaben von oben unmöglich mit journalistisch sorgfältigen und vielleicht sogar kritischen Artikeln erfüllen könnt. Aber mal Hand aufs Herz: Wie könnt Ihr es eigentlich mit Eurer Berufsehre vereinbaren, ein Stück wie das gestern erschienene »*Kaufen, kaufen, kaufen*« zu veröffentlichen, in dem Ihr eine komplett sinnfreie Pressemeldung der GfK redaktionell nachplappert und Eure Leser damit für dumm verkauft?

Zur GfK und ihrem berühmt-berüchtigten »Konsumklimaindex« wurde schon viel geschrieben – u.a. bei den NachDenkSeiten. In meinem Artikel vom Mai letzten Jahres steht eigentlich al-

Login | Registrierung

SPIEGEL ONLINE WIRTSCHAFT   🔍 Suche   ● Kurse   Q

Politik | Wirtschaft | Panorama | Sport | Kultur | Netzwelt | Wissenschaft | Gesundheit | einestages | Karriere | Uni | Schule | Reise | Auto

Nachrichten > Wirtschaft > Unternehmen & Märkte > Konsum > GfK-Konsumklima: Deutsche in Kauflstimmung, Sparen ist out

Konsumlaune in Deutschland: Kaufen, kaufen, kaufen

Käufer in der Hamburger Innenstadt: Volle Tüten   DPA

Auf der Bank gibt es nur Mini-Zinsen, da geben die Deutschen ihr Geld lieber aus. Der GfK-Konsumklima-Index erreicht den höchsten Stand seit mehr als sieben Jahren.

Quelle: *Spiegel Online*

les, was man zu diesem Statistik-Orakel wissen muss. Ich fragte damals »die Medien«, warum sie den GfK-Konsumklimaindex nicht einfach ignorieren können. Klar, die NachDenkSeiten gehören für einen *Spiegel-Online*-Volontär sicher nicht zur Standardlektüre. Aber müsst Ihr noch einen draufsetzen, indem Ihr die gestrige GfK-Meldung, die selbst für GfK-Verhältnisse außergewöhnlich dümmlich ist, unkommentiert nachplappert?

Die Kernaussage der GfK-Meldung besteht darin, dass die Deutschen sich in diesem Monat angeblich in einem Konsumrausch befinden, weil die EZB vor zwei Wochen den Leitzins von 0,25 Prozent auf 0,15 Prozent gesenkt hat. Diese Aussage ist, sagen wir es einmal vorsichtig, gewagt. Zum einen besteht keine erkennbare Korrelation zwischen dem GfK-Konsumklima und den real gemeldeten Umsätzen des Einzelhandels. Oder um es einfacher zu formulieren: Was die GfK dort meldet, hat nachweisbar nichts mit der Realität zu tun. Es kann sein, dass in diesem Monat tatsächlich mehr konsumiert wurde. Es kann aber auch sein, dass weniger konsumiert wurde. Bis die offiziellen Zahlen vorliegen, kann dies niemand wissen. Die realen Zahlen stagnieren jedenfalls seit 1990. Der »*Kaufrausch*« findet, wie so oft, nur in den Köpfen der PR-Abteilung der GfK statt.

Zum anderen ist die Begründung für den vermeintlichen Kaufrausch, die die GfK in diesem Monat herausgekramt hat, derart an den Haaren herbeigezogen, dass man gar nicht mehr weiß, ob man jetzt laut lachen oder bitterlich weinen soll. Wegen der Leitzinssenkung sollten, so steht es bei *Spiegel Online*, die »*Kreditinstitute […] die Einlagenzinsen wohl rasch kappen dürfen, [wodurch] Sparen für die Kunden immer unattraktiver [wird]*.« Noch unattraktiver? Das ist interessant. Seit Senkung des Leitzinses sind die Einlagenzinsen in der Tat gesunken – jedoch nicht im Prozent-, sondern im niedrigen Promillebereich.

Und die Menschen sollen nun, da es anstatt 0,72 Prozent nur noch 0,71 Prozent für das Tagesgeld gibt, in den kollektiven Konsumrausch verfallen? Das ist eine steile These. Jede These, egal wie steil, sollte jedoch empirisch abgesichert sein. Da die Zinsen ja nicht erst seit wenigen Wochen sinken, wäre dies auch möglich – wenn die These stimmen würde. Doch das ist offenbar nicht der Fall.

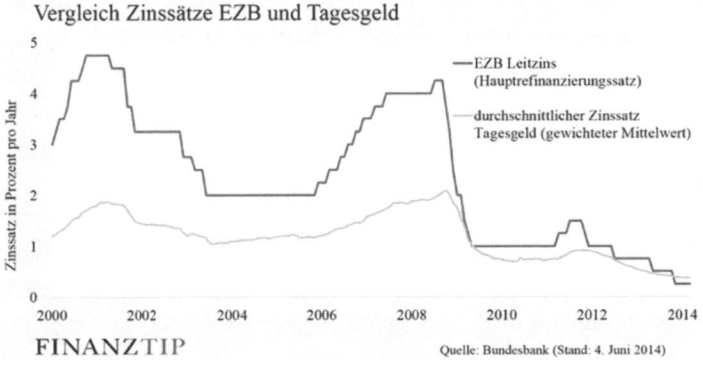

Vergleich Zinssätze EZB und Tagesgeld

Zinssatz in Prozent pro Jahr

——EZB Leitzins (Hauptrefinanzierungssatz)

——durchschnittlicher Zinssatz Tagesgeld (gewichteter Mittelwert)

FINANZTIP

Quelle: Bundesbank (Stand: 4. Juni 2014)

Im Zuge der Finanzkrise stürzte der Einlagenzinssatz im Jahre 2008 förmlich ab und ist seitdem – mit einer zeitweiligen Erholung im Winter 2011/2012 – rückläufig. Wenn die These stimmt, dass unsere Mitbürger nun wegen der rückläufigen Zinsen nicht mehr sparen, sondern wie wild konsumieren, müsste dies ja, in welcher Form auch immer, messbar sein.

Eine Betrachtung auf die realen Einzelhandelsumsätze ergibt interessanterweise jedoch genau das umgekehrte Bild. In der Phase, in der die Zinssätze sanken, sanken auch die Einzelhandelsumsätze – und zwar deutlich. Ansonsten ist – wie kaum anders zu erwarten – keine nennenswerte Korrelation zwischen dem Einlagenzinssatz und den Einzelhandelsumsätzen erkennbar.

Warum auch? Sämtliche Zahlen zur Vermögensverteilung weisen darauf hin, dass nur die obersten zehn Prozent der Haushalte – gemessen am Einkommen – überhaupt regelmäßig in nennenswertem Umfang finanzielle Rücklagen bilden können. Bei diesen Haushalten ist die Konsumquote jedoch ohnehin bereits gesättigt. Zinserhöhungen und -senkungen führen bei diesen

Haushalten nicht zu einer Verschiebung zwischen Spar- und Konsumquote, sondern zu einer Verschiebung innerhalb der unterschiedlichen Anlagegüter innerhalb der Sparquote. Anstatt zu konsumieren, investieren diese Haushalte vermehrt in andere Anlageprodukte, von denen sie sich erhoffen, dass sie eine höhere Rendite erwirtschaften. Die sich bereits anbahnenden Blasen auf dem Immobilienmarkt sind ein Kollateralschaden dieser Entwicklung. Oder um es zugespitzt zu formulieren: Anstatt sich einen zweiten Porsche zu kaufen, steckt man das Geld, das man bei höheren Zinssätzen als Einlage bei der Bank gespart hätte, nun in ein Mehrfamilienhaus, das ordentliche Mieteinnahmen generiert.

Liebe Kollegen von *Spiegel Online*, ich bin mir fast sicher, dass Ihr das alles auch wisst. Warum plappert Ihr dann aber die offensichtlichen Nonsens-Meldungen der GfK nach? Seid Ihr etwa in einen Kaufrausch verfallen, weil die EZB den Leitzins um ein Promille gesenkt hat? Oder liegt es vielmehr daran, dass Ihr schlicht faul seid? Eine Pressemeldung redaktionell aufzubereiten, ist natürlich keine große Arbeit und in einer Viertelstunde gemacht. Dazu eine sexy Überschrift wie »*Kaufen, kaufen, kaufen*«, ein nichtssagendes Symbolbild aus dem Agenturprogramm und schon habt Ihr einen garantierten Klickfänger. Ein kritischer Kommentar zum Thema erfordert mehr Arbeit und generiert sicherlich weniger Klicks.

Aber was hat Euer Artikel eigentlich noch mit Journalismus zu tun? Habt Ihr alles vergessen, was man Euch in Eurer theoretischen Ausbildung beigebracht hat? Solltet Ihr noch einen Funken Berufsehre haben, könnt Ihr das Ganze ja mal für einen Moment sacken lassen und Euch bei nächster Gelegenheit einmal überlegen, ob das, was Ihr tagtäglich macht, noch irgendetwas mit dem Beruf zu tun hat, den Ihr einmal erlernt habt.

Der *Spiegel* des »fröhlichen Biedermeiers«

15. Juli 2014 / Rubrik: Aktuelles, Innen- und Gesellschaftspolitik, Medienanalyse, Strategien der Meinungsmache / von Wolfgang Lieb

Die *Spiegel*-Titelgeschichte von dieser Woche »*Wir sind wieder… wer?*« ist gleichsam ein Spiegelbild der Redaktionslinie: Man nutzt die schwarz-rot-gold unterlegte nationale Fußballeuphorie, um das selbst erfundene Bild einer »*entkrampften Nation*« zu malen, in der »*fröhliches Biedermeier, kühler Nationalismus, egoistische Schonhaltung*« herrschen.

»*Egoistisch*« sei die »*Schonhaltung*«, die eigenen Soldaten nicht an irgendwelche Fronten schicken zu wollen. So wird die mangelnde Unterstützung für Gaucks (und Steinmeiers und von der Leyens) Forderung nach einem stärkeren (militärischen) Engagement in der Welt durch die Deutschen kritisiert. Innenpolitisch seien die Deutschen »*weitgehend saturiert*«, sie würden von der Großen Koalition »*gepampert*«. Nur außenpolitisch fehle ihnen die Orientierung, hier brauche es einen Bundestrainer mit einer klaren Linie.

Boulevard-Journalismus lebt von der Personalisierung. Auch in dem *Spiegel*-Essay werden ziemlich beliebig herausgegriffene Menschen mit ein paar Bemerkungen eingefügt, mit Zitaten, mit denen man – ohne selbst Farbe bekennen zu müssen – die eigenen Botschaften verstecken kann: »*Wir sind ein unheimlich gutes Volk*«, lässt man eine – natürlich Bikini-tragende – 61-Jährige aus dem Strandkorb auf Sylt verkünden.

Übergangslos wird dann eingeflochten, dass Merkel bei den Feierlichkeiten zum 70. Jahrestag der Landung in der Normandie »wie eine Anführerin der Welt« wirkte. Es gebe ein »*neues Deutschlandgefühl*«: »*Leichtigkeit und Bedeutung*« – eben wie beim Spiel der Nationalmannschaft im Halbfinale gegen Brasilien.

Bildlich untermalt wird dieses neue Deutschlandgefühl mit Fotos, auf denen die deutschen Kicker die gedemütigten Brasilianer trösteten und ein deutscher Soldat am Rande eines Militäreinsatzes notleidende afghanische Kinder beglückte.

»*Unserem Land geht es so gut, alles ist so schön und neu hier auch bei uns zu Hause in Weimar*«, zitiert der *Spiegel* einen Ossi, der natürlich gerade in der Gourmetabteilung des Berliner KaDeWe sitzt, um die redaktionelle Botschaft zu verkünden, dass »*insgesamt die Einheit geglückt*« sei und die Deutschen »*Deutsche geworden*« seien.

Ein Albaner vom Münchner Viktualienmarkt darf den Zitatenlieferanten für die deutschen Tugenden abgeben: »*Die Argentinier machen immer so viele Kreuzzeichen, vier-, fünfmal hintereinander, das muss man auch mögen, so was haben die Deutschen halt nicht. Die machen mehr, was zu tun ist. Da wird nicht gebetet auf dem Platz. Beten hilft dir am Ende auch nicht. Du musst verstehen, was passiert, das ist es. Das ist deutsch …*« So nebenbei darf der Migrant auch noch für die Botschaft herhalten, dass Deutschland ein Einwanderungsland sei und dass Ausländer und Deutsche sich aufeinanderzubewegten. »*Wir sind ein Volk und zwar ein buntes. Auch das macht lockerer.*«

Der Tourismuschef Berlins darf bezeugen, wie beliebt die Deutschen bis in den letzten Winkel der Welt inzwischen sind (»*Wir waren die Stars des Abends*«, selbst in Ulan Bator) und wie sehr doch Berlin »*die Metropole der Entkrampfung*« sei. Der einzige Wermutstropfen sei der Berliner Flughafen und ein Technikchef, der im Verdacht stehe, korrupt zu sein.

Selbst eine Österreicherin ist begeistert über den »*Tabubruch*«, dass sie sich öffentlich für Deutschland freuen kann.

Aus Dresden im Schillergarten darf sich dann doch noch einer der notorischen Miesmacher zu Wort melden, der keine Fähnchen an sein Auto klemmen will, der ein WM-Endspiel noch zu sehr mit dem »*Endsieg*« assoziiert. Es gebe diese »*Bedrückung*« mit der Nazi-Vergangenheit noch immer, aber zum Glück hätten sich ja »*die Deutschen … ein Stück weit aus der Selbstverdüsterung gelöst*«. »*Es gibt jetzt ein Erinnern mit Entsetzen, mit Traurigkeit, aber ohne komplett zu verkrampfen.*« Schließlich gebe es »*wieder ein paar Jahre mehr Abstand zu den Zeiten des Nazi-Terrors und es gebe wieder ein besseres deutsches Image in der Welt, das auch mit den Fußballfesten seit 2006«* zu tun habe.

Ein Koch auf Sylt (warum eigentlich immer gerade Sylt, hat einer der *Spiegel*-Autoren da gerade seinen Urlaub gemacht oder hat er dort seinen Zweitwohnsitz?) darf die deutschen Tugenden verkörpern. Typisch deutsch bedeute für ihn: *»hohen Arbeitseinsatz zeigen; den Willen, nach vorn zu gehen. Wir sind nicht umsonst Exportweltmeister.«* Es seien gerade auch diese deutsche Tugenden, die zur deutschen Leichtigkeit beitragen. *»Als Folge von Fleiß, Disziplin und Folgsamkeit wächst dieser Wohlstand gerade.«*

Und dann folgt eine lange Lobhudelei, wie sie in keiner Selbstbeweihräucherung der Großen Koalition schamloser betrieben werden könnte: *»kleines Wirtschaftswunder«*, *»so viele Menschen hatten noch nie einen Job«*, *»die Löhne sind stark gestiegen«*, *»die Deutschen gehen shoppen, bis ihnen die Arme lang werden von den schweren Tüten«*, *»in diesem und im kommenden Jahr könnte die Wirtschaft um mehr als zwei Prozent wachsen«*.

Reallöhne, Nominallöhne, Verbraucherpreise
Veränderung zum Vorjahresquartal in %

© Statistisches Bundesamt, Wiesbaden 2014

Quelle: *destatis*

Die Realität dieses »*Wirtschaftswunders*« **sieht aber so aus:**

》 Noch nie hatten so viele Menschen einen Teilzeit-, Mini- oder prekären Job – das Arbeitsvolumen hat sich einfach auf mehr Köpfe verteilt.

》 Die Reallöhne stagnieren praktisch seit 20 Jahren – von wegen starker Lohnanstieg!

》 Im Jahr 2013 sind die Löhne um 0,2 Prozent gesunken. Im 1. Quartal 2014 sind sie gerade mal um 1,3 Prozent gestiegen.

Beim Einzelhandelsumsatz im Mai 2014 gab es gerade mal ein Plus von 1,9 Prozent. Davon können die Einkaufstüten auch nicht so viel schwerer geworden sein.

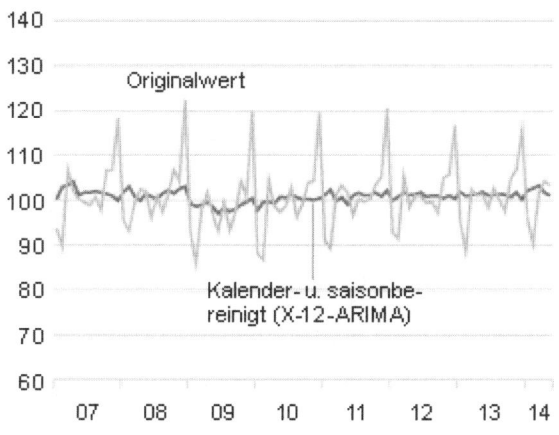

Einzelhandel
Umsatz in konstanten Preisen (real); 2010 = 100

© Statistisches Bundesamt, Wiesbaden 2014

Quelle: *destatis*

Von der jüngsten Prognose des *Deutschen Instituts für Wirtschaftsforschung* (*DIW*), wonach sich das Wachstum der deutschen Wirtschaft im ablaufenden zweiten Quartal mit 0,3 Prozent mehr als halbieren wird, hat man in der *Spiegel*-Redaktion wohl auch noch nichts gehört.

Das hohe Lied auf die Agenda-Reformen darf natürlich auch nicht fehlen: »*Deutschland profitiert davon, dass es sich bereits um die Jahrtausendwende das Update für das 21. Jahrhundert verpasst hat ... Wirtschaft und Gesellschaft haben sich angepasst, und das heißt vor allem: flexibilisiert ...*«

Dieses »*Update*« sieht dann in Wirklichkeit so aus: Zerstörung der gesetzlichen Rente und programmierte Altersarmut, Rente mit 67, Zerstörung der Arbeitslosenversicherung und der Sturz in die Bedürftigkeit des Hartz-IV-Regimes nach einem Jahr. Und »*Flexibilisierung*« heißt in der Realität Verdrängung von sozial abgesicherten und ordentlich entlohnten Vollzeitarbeitsplätzen durch Teilzeitarbeit und unsichere niedrig entlohnte Jobs, so dass inzwischen jede/r Vierte atypisch beschäftigt ist. Prekäre Arbeit ist tief ins Normalarbeitsverhältnis eingedrungen, was heißt, dass inzwischen jeder Fünfte der knapp 20 Millionen Vollbeschäftigten nur noch knapp über der Armutsgrenze lebt.

Jedenfalls scheint die Begeisterung über die »*flexiblen Arbeitswelten*« ziemlich einseitig auf der Arbeitgeberseite und in den Redaktionsstuben des *Spiegel* zu liegen: Im Herbst letzten Jahres meldete das Statistische Bundesamt, dass 6,7 Millionen Menschen mehr Arbeit wollen und dass sich 3,3 Millionen unfreiwillig als unterbeschäftigt betrachten.

Und um die plumpe Meinungsmache für die herrschende neoliberale Politik noch ein bisschen wissenschaftlich zu verbrämen, wird in der *Spiegel*-Titelgeschichte zu guter Letzt noch Clemens Fuest vom *Zentrum für Europäische Wirtschaftsforschung* zitiert:

»*Zur positiven Entwicklung haben auch die Hartz-Reformen und die Vernunft der Tarifpartner beigetragen.*«

Nun muss man wissen: Das ZEW ist ein der neoklassischen Wirtschaftsdogmatik verpflichteter Think-Tank, der die Senkung der Löhne als Heilsweg zur Senkung der Arbeitslosigkeit sieht, den Arbeitsmarkt also wie einen Kartoffelmarkt betrachtet.

2 Wer einmal fälscht, dem glaubt man doch
Wie mit Zahlen Meinung gemacht wird

Nein, wir wollen nicht schon wieder mit Churchills angeblichem Spruch ankommen von der Statistik, die man schon selber gefälscht haben sollte, wenn man sie denn glauben wollte. Aber mit Zahlen und pseudowissenschaftlichen Studien lässt sich einfach gut manipulieren. Überzeugen Sie sich selbst.

Die Debatte um die Rente mit 63 – reine Meinungsmache

13. Dezember 2013 / Rubrik: Manipulation des Monats / von Wolfgang Lieb

»*Eine Frühverrentungswelle schwappt heran*«, so macht die wirtschaftsliberale *FAZ* auf und die angeblich sozial-liberale *Frankfurter Rundschau* titelt »*Frühe Rente benachteiligt Frauen*«. Die Vorkämpfer der Rente mit 67 machen mit massiver propagandistischer Unterstützung des Bundessozialministeriums und der Deutschen Rentenversicherung gegen die im Koalitionsvertrag vereinbarte Rente mit 63 nach 45 Versicherungsjahren mobil. Keiner redet mehr über die Zerstörung der gesetzlichen Rente, die mit den Rentenreformen insgesamt und zusätzlich mit der Rente mit 67 politisch ausgelöst wurde. Dass 2011 gerade einmal 12,5 Prozent der 63-Jährigen tatsächlich noch vollzeitbeschäftigt waren, darüber spricht niemand.

Um von dieser Schuld gegenüber sämtlichen Rentnern abzulenken, hat die SPD im Koalitionsvertrag (auf Drängen der Gewerkschaften) darauf gepocht, dass die »kleinen Leute« (Sigmar
Gabriel) ab dem 1. Juli 2014 nach 45 »Beitragsjahren« (wohlgemerkt **nicht Versicherungszeiten)** im Alter von 63 Jahren abschlagsfrei in Rente gehen können sollen.

Doch die Hardliner der neoliberalen Agenda-»Reformen« wollen bedingungslos an der Rente mit 67 festhalten und sogar noch
darüber hinaus das Renteneintrittsalter an die Lebenserwartung
koppeln.

Eine Anfrage des Grünen-Abgeordneten Markus Kurth an die
Bundesregierung bot nun dazu die passende Munition. Nach Angaben des Arbeitsministeriums wären im Jahr 2011 rund 92 000
Männer, also jeder zweite männliche Neurentner zwischen 63
und 65 Jahren (!) (einschließlich aller Zeiten der Arbeitslosigkeit), in den Genuss einer solchen abschlagsfreien Rente gekommen. Und weil diese »schwappende Frühverrentungswelle« noch
nicht Drohkulisse genug ist, musste noch ein Gerechtigkeitsargu-
ment her: Die Deutsche Rentenversicherung (die eigentlich die
Interessenvertretung der Rentenversicherten sein müsste) musste
statistisch die bestehende Ungerechtigkeit belegen, dass von der
bestehenden Ausnahmeregelung von der Rente mit 67 zu 86 Prozent ausschließlich die Männer profitierten, die ohnehin eine (im
Schnitt bei allerdings nur bei 1465 Euro liegende) höhere Rente
als die Frauen bezögen.

Da hatte man dann wieder das moralische Argument der Benach-
teiligung von Frauen, mit dem die generelle Verschlechterung (für
Mann und Frau) zum argumentativen Hebel genutzt werden konnte,
dass es jedenfalls auch den Männern nicht besser gehen darf.

**Auf die Idee, wie man die schlechteren Bedingungen für
die geringeren Rentenanwartschaften der Frauen verbessern
könnte, kommt natürlich niemand.** Nein, geschlechterneutral
soll es allen schlechter gehen. Es ist ja nicht das erste Mal, dass
der Ge»schlechter«-Kampf als propagandistischer Hebel zu einer

Schlechter-Stellung aller statt zu einer allgemeinen Verbesserung genutzt wird.

Wie sehr dieses Propagandamanöver an der Lebenswirklichkeit vorbeigeht, lässt sich an der Tatsache erkennen, dass seit der Einführung der Rente mit 67 im Jahre 2007 immer noch nur 12,5 Prozent der 63-Jährigen und gerade mal 9,9 Prozent der 64-Jährigen (Männer und Frauen) vollzeitbeschäftigt sind. (Das sind zwar die Zahlen aus 2011, aber auch das Arbeitsministerium bezieht sich mit seinen Zahlenangaben über die angeblich begünstigten Neurentner auf dieses Jahr.)

Für alle Zweifler hier das Schaubild:

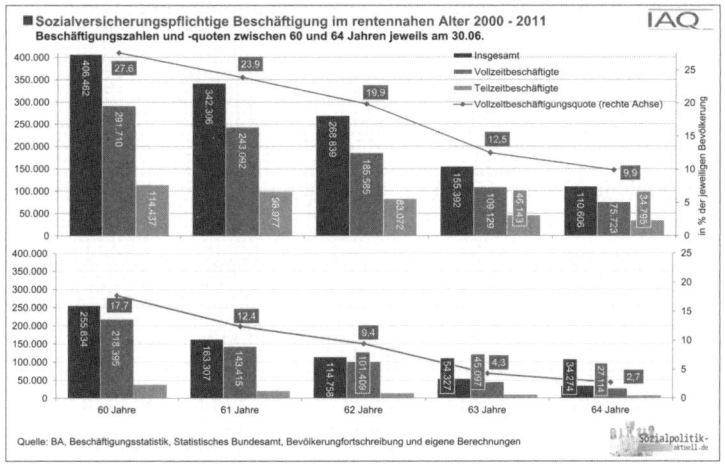

Quelle: *Sozialpolitik aktuell*

Zynisch ist das Ganze auch deshalb, weil völlig außer Acht gelassen wird, dass ohne eine abschlagfreie Rente mit 63 (wohlgemerkt nach 45 Versicherungsjahren) schon heute Renteneinbußen (z.B. aufgrund von weniger Rentenpunkten wegen Teilzeitarbeit) oder Rentenabschläge (z.B. 3,6 Prozent pro Jahr wegen Frühverrentung) in Kauf genommen werden müssen – und das bei einer Durchschnittsrente für Männer bei nur 1465 Euro.

Diese für jeden Arbeitnehmer keineswegs erfreulichen Zahlen werden selbstverständlich nicht so gern genannt. Sie würden nämlich konkret machen, was die derzeitigen Abzüge für den einzelnen Rentner bedeuten. Dafür werfen diejenigen in den Zeitungsredaktionen, die sich gar nicht vorstellen können, wie man mit einer Rente von 1250 Euro leben kann, lieber mit den 3,5- bis 4,5-Milliarden-Euro-Beträgen um sich, die angeblich die abschlagfreie Rente mit 63 Jahren kosten könnte.

Diesen Mehraufwand müssten im Übrigen ausschließlich die Beitragszahler in die Rentenversicherung aufbringen, also zum ganz überwiegenden Teil nicht diejenigen, die jetzt das Maul über diese »Vergünstigung« aufreißen. Sie tun so, als müssten die Steuerzahler dafür geradestehen.

Atypische Beschäftigung drängt normale Arbeitsverhältnisse nicht zurück?

29. Januar 2014 / Rubrik: Manipulation des Monats / von Wolfgang Lieb

Einmal mehr führt die *Bertelsmann Stiftung* mit Hilfe des *Instituts zur Zukunft der Arbeit* (*IZA*) die Öffentlichkeit an der Nase herum und die Leitmedien sind willige Erfüllungsgehilfen.

Selbst die traurigen Befunde eines neoliberalen Think-Tanks werden in Jubelmeldungen umgedeutet. Statt »*Atypische Beschäftigung drängt normale Arbeitsverhältnisse nicht zurück*« müsste es nämlich heißen: Atypische Beschäftigung steigt erheblich schneller als Normalarbeitsverhältnisse. Oder: Jede/r Vierte ist inzwischen atypisch beschäftigt und jede/r Fünfte Vollbeschäftigte arbeitet für einen Lohn an der Armutsgrenze. Berichte über solche Tatsachen finden sich in unseren Medien so gut wie gar nicht.

Dabei hat durch die Flexibilisierung des Arbeitsmarktes zwar die Zahl der Erwerbstätigen vielleicht etwas zugenommen, die Qualität der Arbeit jedoch dramatisch abgenommen: Die »*Agenda 2010*« hat sozial abgesicherte und ordentlich entlohnte Vollzeitarbeitsplätze durch Teilzeitarbeit und unsichere, niedrigentlohnte Jobs verdrängt – diese Tatsache tut den Agenda-Verfechtern sichtlich weh.

Deshalb gibt es in letzter Zeit ständig Jubelmeldungen der *Bundesagentur für Arbeit*, dass die Zahl der sozialversicherungspflichtigen Arbeitsplätze »Rekordhöhen« erreiche. Die Think-Tanks des Neoliberalismus unternehmen jeden nur erdenklichen statistischen Klimmzug, um zu belegen, dass atypische Beschäftigung die Normalarbeitsverhältnisse eben nicht zurückdränge.

So hat dieser Tage mal wieder die *Bertelsmann Stiftung*, die auf die Vorbereitung und Begleitung der Hartz-Gesetze wesentlichen Einfluss genommen hat, versucht, die Arbeitsmarkt-»Reformen« als Erfolgsgeschichte darzustellen.

Um nicht in den Verdacht zu geraten, sich selbst zu verteidigen, hat die Stiftung – was sie sonst recht selten tut – eine Studie in Auftrag gegeben – und zwar an das von der Deutschen Post gesponserte *IZA*. Das erwünschte Ergebnis wurde in folgende Schlagzeile gefasst:

»Atypische Beschäftigung drängt normale Arbeitsverhältnisse nicht zurück«

Unsere Qualitätsmedien griffen diese Botschaft begeistert auf: *»Ein echtes Wunder«*, titelt *Die Welt*. *»Mehr Arbeit«*, frohlockt die *Süddeutsche Zeitung*. *»Flexible Arbeitsverhältnisse führen zu Beschäftigungsrekord«*, jubelt *wallstreet online*. *»Mehr ›normale‹ Stellen trotz Minijobs und Leiharbeit«*, wählte die *FAZ* als Überschrift und ließ die Gelegenheit nicht aus, gleichzeitig vor neuen Regulierungen des Arbeitsmarktes durch den Mindestlohn zu warnen.

Bei so viel Jubel lohnt es sich, die Pressemitteilung einmal genauer zu lesen. Dort heißt es:

»Der Zuwachs an Beschäftigung während der vergangenen zehn Jahre in Deutschland ist wesentlich der Zunahme an flexiblen Arbeitsverhältnissen zu verdanken. 2003 arbeitete nicht einmal jeder

fünfte Erwerbsfähige *(19 Prozent)* in einem so genannten atypischen Beschäftigungsverhältnis – also in Teilzeit, befristet, als Leiharbeiter oder in einem Mini-Job. Inzwischen haben 24 Prozent aller Erwerbsfähigen einen solchen Job. Diese Entwicklung ging allerdings laut einer Studie des ›Instituts zur Zukunft der Arbeit IZA‹ im Auftrag der Bertelsmann Stiftung nicht zu Lasten der stabilen Arbeitsverhältnisse, im Gegenteil: Im selben Zeitraum stieg der Anteil der Erwerbsfähigen, die in eine klassische unbefristete Vollzeitstelle bekleiden, von 39 auf 41 Prozent.

Die Autoren sprechen angesichts der Umwälzungen auf dem Arbeitsmarkt mit zunehmenden Anforderungen an die Flexibilität der Arbeitnehmer von einer ›erstaunlichen Stabilität der so genannten Normalarbeitsverhältnisse‹, die sowohl im industriellen Sektor als auch in vielen Dienstleistungsberufen feststellbar sei.«

Das heißt: Jede/r Vierte ist inzwischen atypisch beschäftigt

Im Übrigen sagt der Begriff Vollzeitstelle noch nichts über die Qualität der Arbeit und schon gar nichts über die Höhe des Lohnes aus. Der Arbeitsmarktforscher Gerhard Bosch hat festgestellt, »*dass sich prekäre Arbeit, also Beschäftigung deutlich unter den üblichen sozialen Standards, nicht mehr auf atypische Beschäftigungsformen beschränkt, sondern tief ins Normalarbeitsverhältnis eingedrungen ist*«.

Diesen Sachverhalt musste am gleichen Tag, als *Bertelsmann* mit seiner Erfolgsmeldung an die Öffentlichkeit ging, auch die *Bundesagentur für Arbeit* auf eine Anfrage der Linkspartei einräumen: nämlich dass rund 4,1 Millionen Beschäftigte weniger als 1 926 Euro brutto im Monat verdienen. Rund jeder Fünfte der knapp 20 Millionen Vollbeschäftigten bundesweit liegt damit nur knapp über der Armutsgrenze.

Das Presseecho auf diese eher ernüchternde Antwort der Bundesagentur hielt sich stark in Grenzen – schließlich gab es an diesen Auswirkungen der »*Flexibilisierung des Arbeitsmarktes*« nicht so viel zu bejubeln.

P.S.: Das arbeitgebernahe *Institut zur Zukunft der Arbeit* hat als alleinigen Gesellschafter die Deutsche Post-Stiftung. Präsident des Instituts ist nach wie vor der frühere Vorstandsvorsitzende der Deutsche Post World Net und wegen Steuerhinterziehung zu einer auf Bewährung ausgesetzten Freiheitsstrafe verurteilte Klaus Zumwinkel.

Direktor des Instituts ist Klaus F. Zimmermann, der schon mal gerne in Anzeigen für die *Initiative Neue Soziale Marktwirtschaft* posiert und für die neoliberale Gleichschaltung des *DIW* gesorgt hatte und dort nach diversen Skandalen zurücktreten musste.

Lobbypedia berichtet: Zimmermann vertritt arbeitgebernahe Positionen und wirkt in Organisationen der Arbeitgeber mit. Er ist Mitglied von *Wissopol*, dem sozialpolitischen Gesprächsforum der Bundesvereinigung der Deutschen Arbeitgeberverbände (*BDA*).

Weiterhin ist er Autor im *ÖkonomenBlog* der Arbeitgeber-Organisation *Initiative Neue Soziale Marktwirtschaft* (*INSM*).

Zu den Policy Fellows des *IZA* gehören die *INSM*-Kuratoren/ Botschafter Johann Eekhoff, Florian Gerster, Oswald Metzger und Thomas Straubhaar sowie der ehemalige *INSM*-Geschäftsführer Tasso Enzweiler. Policy Fellows sind auch Nico Fickinger vom *INSM*-Finanzier Gesamtmetall und Karen Horn, die als wichtige Koordinatorin neoliberaler Netzwerke fungiert.

Das *IZA* ist neben dem arbeitgebernahen *Institut der deutschen Wirtschaft* (*IW*) Dauerauftragnehmer der *INSM* und deren pseudowissenschaftliches Aushängeschild.

Gesundheits»reform« als Täuschungsmanöver

28. März 2014 / Rubrik: Gesundheitssystem / von Wolfgang Lieb

Inzwischen mussten sich die Deutschen ja daran gewöhnen, dass alles, was die Politik »Reform« nennt, entweder zu Sozialabbau oder zu einer Mehrbelastung der Arbeitnehmer führt. Mit der

»Reform« der gesetzlichen Krankenversicherung leistet sich die Politik ein besonders hinterhältiges Täuschungsmanöver, um die Mehrbelastung der Versicherten zu vertuschen.

2015 soll der Beitragssatz zur gesetzlichen Krankenversicherung von jetzt 15,5 auf 14,6 Prozent sinken. Als besonderes »Bonbon« für die Arbeitnehmer soll deren bisheriger Beitrag auf 7,3 Prozent gesenkt werden, also wieder auf der Höhe des Arbeitgeberanteils liegen. Dafür wird der Sonderbeitrag von 0,9 Prozent gestrichen. Wie bei einer Mausefalle legt man für die Versicherten ein bisschen Speck als Köder aus, um sie in diese Reformfalle zu locken. Für 20 Millionen Menschen – so verkündet der neue Bundesgesundheitsminister – werde die Krankenversicherung günstiger.

Ob und wie viele Versicherte tatsächlich entlastet werden, lässt sich jedoch erst im Herbst einigermaßen abschätzen, wenn die Kassen für das Jahr 2015 planen, meinte die Chefin des Kassen-Spitzenverbandes, Doris Pfeiffer. Doch selbst wenn sich viele Hoffnungen auf geringere Beitragszahlungen im kommenden Jahr machen sollten, dann wird es rasch ein böses Erwachen geben. Denn das dicke Ende folgt ein Jahr später. Dann sollen nämlich die Kassen von den Versicherten Zusatzbeiträge nehmen können. Und diese werden – angesichts der ziemlich sicher prognostizierbaren Steigerung der Gesundheitskosten – auf absehbare Zeit deutlich höher liegen als die 0,9 Prozent Sonderbeitrag, die die Versicherten bisher bezahlen mussten.

Nach Berechnungen des Kieler *Instituts für Mikrodaten-Analyse* bedeutet eine Erhöhung des Zusatzbeitrages um 1,4 Prozent für den Durchschnittsverdiener mit rund 2500 Euro Einkommen schon 423 Euro und für einen Gutverdiener mit 4050 Euro 680 Euro im Jahr. Zum Vergleich: Wenn ein durchschnittlicher Haushalt pro Jahr 109 Euro mehr für Strom zahlen muss, führt das schon zu einer Wende in der Energiewende.

Bei den künftigen Zusatzbeiträgen, die von den Kassen erhoben werden dürfen, bedient sich die Regierung eines weiteren Täuschungsmanövers. Es soll der Eindruck erweckt werden, dass es in Zukunft wieder gerechter zugeht. Statt der seit 2011 nach oben nicht mehr unmittelbar begrenzten einkommensunabhängigen »Kopfpauschale« soll der Zusatzbeitrag künftig vom Einkommen abhängig sein, also als prozentualer Satz vom beitragspflichtigen Einkommen erhoben werden.

Das Modell, nach dem jeder gleich viel Zusatzprämie (»Kopfpauschale« oder »Gesundheitsprämie«) zahlen soll, hatte sich schon bei den früheren Gesundheits-»Reformen« viel Unmut eingehandelt. Die damit verbundene soziale Ungerechtigkeit hatte man mit einem kaum durchschaubaren Sozialausgleich zu übertünchen versucht.

Künftig soll es aber nicht einmal mehr die von der schwarz-gelben Koalition immerhin noch vorgesehene persönliche Belastungsgrenze für den Anstieg der Beiträge mehr geben. Allein durch diese »Reform« spart der Bund bis 2018 rund fünf Milliarden Euro bei den Ärmsten der Armen, weil der Sozialausgleich aus Steuermitteln wegfallen wird.

Die Zusatzbeiträge können künftig unbegrenzt steigen

Mit dem »sozialen Mäntelchen« eines künftigen einkommensabhängigen Zusatzbeitrags will die Politik verdecken, dass künftig alle Steigerungen der Gesundheitskosten bzw. alle Ausgabenerhöhungen der Kassen ausschließlich und allein von den Arbeitnehmern bezahlt werden müssen. Der Arbeitgeberanteil an den gesetzlichen Krankenversicherungen bleibt bei 7,3 Prozent gesetzlich festgeschrieben.

»Mit der weiteren Festschreibung des Arbeitgeberanteils bei 7,3 Prozent halten wir an dem Ziel fest, arbeitsplatzgefährdende Steigerungen zu vermeiden«, sagte Gesundheitsminister Gröhe.

Hier wird also der Mythos der »Lohnnebenkosten« wieder aufgebaut, der nun seit Jahren von der Wirklichkeit zerstört worden ist. Deutschland liegt bei diesem politischen Tarnwort »Lohnnebenkosten« im unteren Mittelfeld.

Lohnstückkosten und Preise in Griechenland und Deutschland

1) Deflator des Bruttoinlandsprodukts. 2) Bruttoeinkommen aus unselbständiger Arbeit je Beschäftigten dividiert durch reales Bruttoinlandsprodukt je Erwerbstätigen. 3) Index mit einer jährlichen Wachstumsrate von 1,9 Prozent. Quelle: Ameco Datenbank (Stand: November 2013).

Quelle: *www.flassbeck-economics.de*

Selbst die kleine Chance, dass finanzstärkere Kassen wie in der Vergangenheit Prämien ausschütten und Beiträge zurückerstatten können, wird den Versicherten in Zukunft genommen.

Aber die Deutschen nehmen es ja seit Jahren klaglos hin, dass ihnen bei jeder »Reform« in die Taschen gegriffen wird.

Zum Himmel stinkende Propaganda der INSM mit Hilfe von Prognos

4. April 2014 / Rubrik: Strategien der Meinungsmache / von Wolfgang Lieb

Pünktlich zur ersten Lesung der von der Bundesregierung vorgelegten Rentenreformen meldet sich die *Initiative Neue Soziale Marktwirtschaft* mal wieder mit einer »Studie« zu Wort: Das Rentenpaket und der Mindestlohn untergraben die Wettbewerbsfähigkeit Deutschlands, so lautet die Alarmmeldung. Durch die Maßnahmen des Koalitionsvertrags sollen nach Berechnungen der *Prognos AG* im Auftrag der *INSM* bis 2030 die Arbeitskosten um 777 Milliarden Euro ansteigen. Ein einstmals renommiertes Wirtschaftsforschungsinstitut verspielt seinen Ruf.

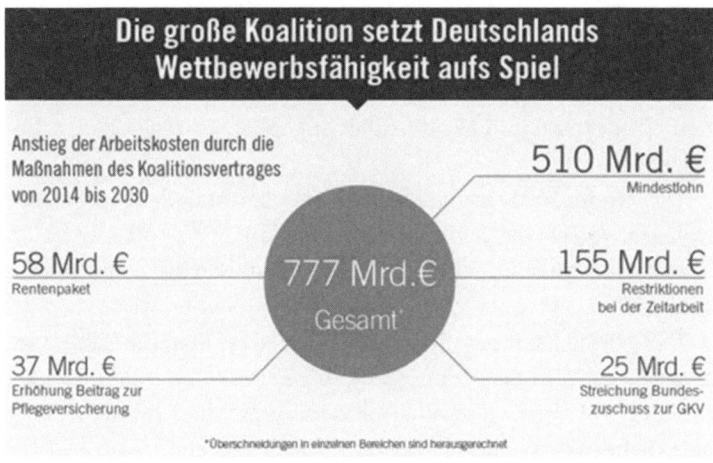

Quelle: *INSM*

Die These: Deutschland stürze bei der Wettbewerbsfähigkeit nach Umsetzung der Koalitionsvereinbarungen unter heutigen Rahmenbedingungen von Rang 9 auf Rang 23 ab.

Man ist erstaunt, dass zu einer solchen Propagandaveranstaltung immerhin noch zwei Dutzend Journalisten kommen.

Der Auftragnehmer der arbeitgeberfinanzierten *INSM*, die *Prognos AG*, galt einstmals als eines der renommiertesten außeruniversitären Wirtschaftsforschungsinstitute. Doch inzwischen scheint es dem Unternehmen so schlecht zu gehen, dass es sich selbst für Zwecke der durchsichtigen politischen Agitation an die *INSM* verkauft. Angesichts dieser gestern der Öffentlichkeit vorgestellten »Studie« unter dem Titel »*Das Erreichte nicht verspielen*« drängt sich das Bild auf, dass hier eine Grande Dame der Sozial- und Wirtschaftsforschung zum Straßenmädchen absgesunken ist.

Bei dieser »Studie« soll zunächst einmal mit einer **Horrorzahl von 777 Milliarden Euro** Angst und Schrecken verbreitet werden. Man setzt dabei auf den billigen Trick der Manipulation mit hohen Zahlen, indem man Beträge über mehr als 15 Jahre bis zum Jahr 2030 addiert und damit rechnet, dass ein zahlenunkundiges Publikum allein schon angesichts der Höhe des Betrages, den Rentenreformen und Mindestlohn angeblich kosten sollen, schockiert ist.

Die zweite Irreführung ist, man rechnet bei allen Kosten mit Nominalwerten, das heißt, man vernachlässigt die Inflationsraten über diesen langen Zeithorizont. Dadurch fallen die Zahlen höher aus.

Der größte Bluff besteht jedoch darin, dass man die Zahlen sozusagen nackt in den Raum stellt, ohne sie etwa mit dem Wachstum der Volkswirtschaft oder mit dem Anteil der Kosten der sozialen Sicherung am gestiegenen BIP zu vergleichen.

Die ideologische Ausrichtung der Studie wird daran erkennbar, dass man sie auf einen der Säulenheiligen der neoliberalen Glaubenslehre stützt, nämlich auf die »Wettbewerbsfähigkeit«. Man betrachtet den »Standort« Deutschland wie ein einzelnes Unternehmen, das im Wettbewerb mit anderen Standorten (Volkswirtschaften) steht. Das heißt, man versteht Volkswirtschaft wie ein Betriebswirt: Ziel muss sein, nicht nur gute Produkte herzustellen, sondern die »Firma Deutschland« muss billiger oder preiswerter anbieten als die anderen Staaten (wiederum gedacht als konkurrierende Unternehmen).

Und woran denkt der Betriebswirt bei der Kostensenkung zuerst? Natürlich an die Arbeitskosten, denn die gelten ja als variabel.

Und nur auf die Arbeitskosten für die Unternehmen schielt auch diese »Studie«. Dass höhere Löhne oder auch höhere Renten auch eine höhere Nachfrage bedeuten könnten, kommt in dem zugrunde liegenden »angebotsorientierten« Denken nicht vor.

Aber einmal abgesehen von diesen ideologischen Scheuklappen ist diese »Studie« auch **methodisch »halbseiden«:**

Vielleicht unfreiwillig (oder einfach weil es nicht bestreitbar ist) wird die These bestätigt, dass Deutschland bei den Lohnstückkosten nicht nur seine europäischen Nachbarn, sondern nahezu alle Industriestaaten niederkonkurriert hat: indem es (nach Japan) von 1995 bis 2012 mit einer Zunahme von nur 0,5 Prozent pro Jahr die geringste Steigerungsrate hatte.

Abbildung 2: Nominale Lohnstückkosten (Index), ausgewählte Länder, 1995 bis 2012

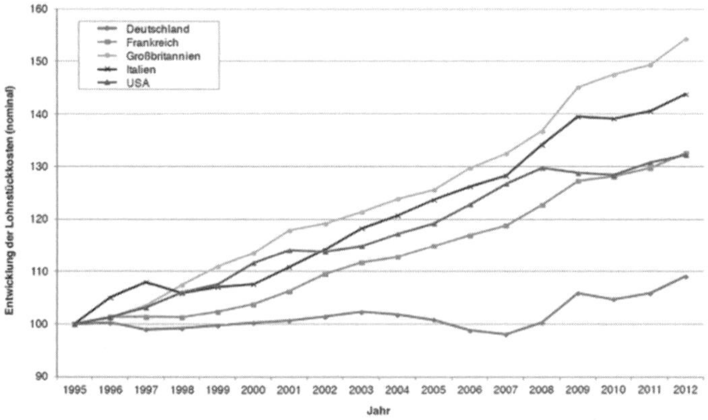

Quelle: Prognos 2014

Prognos betrachtet diese Entwicklung allerdings als wirtschaftliches »*Musterbeispiel*«, wurde doch damit Deutschland zum Exportweltmeister, oder anders: Es war wettbewerbsfähiger als alle anderen. Dass mit den damit verbundenen Handels- und Leistungsbilanzüberschüssen die Europäische Union und der Euro an den Rand des Abgrunds getrieben wurden, spielt bei diesem einzelwirtschaftlichen Betrachtungshorizont keine Rolle.

Um den Gauklertrick mit den großen Zahlen gleichfalls einmal mit Horrorzahlen zu kontern: Dass sich die Leistungsbilanzüberschüsse nach Angaben des *IWF* auf über 1,6 Billionen Euro addierten, die Nettoauslandsposition sich aber seit 2006 aufgrund von Verlusten und Abschreibungen um 400 Milliarden verschlechterten, wird natürlich in dieser einzelbetrieblichen Betrachtungsweise nicht gesehen. Solche Verluste konnten offenbar von den Unternehmen locker weggesteckt werden. Ganz anders jedoch, wenn von den Profiten auch den Arbeitnehmern oder den Müttern etwas zugutekommen soll.

Selbst wenn man davon ausgeht, dass Mütter-Rente oder Rente mit 63 als Arbeitskosten zu Buche schlagen, so ist es schlicht Kaffeesatzleserei, wenn man – wie das in der »Studie« geschieht – bis 2030 »*notwendige*« Erhöhungen des Beitragssatzes zur Rentenversicherung »*berechnet*«. Kennt *Prognos* die Erwerbstätigenquote, die Arbeitslosenquote, die Höhe der Löhne und damit die Einnahmesituation der gesetzlichen Rentenversicherung bis zum Jahre 2030?

Wie unsinnig solche Aussagen für die ferne Zukunft sind, mag man am Rückblick erkennen: Konnte irgendjemand 2007 oder 2012 voraussehen, dass 2013 die Rentenkasse einen Überschuss von 32 Milliarden verzeichnen würde? Damals wurden die Beitragssätze erst auf 19,9 Prozent erhöht und dann auf 19,6 Prozent gesenkt.

Man sieht: Selbst über wenige Jahre sind solche Berechnungen offenbar nicht möglich, aber *Prognos* kann für die nächsten 15 Jahre berechnen, wie der Beitragssatz für die Rentenversicherung ansteigen wird! Man mag solche Rechenmodelle benutzen, um darüber eine fachliche Debatte anzustoßen, aber man missbraucht sie, wenn daraus politische Forderungen abgeleitet werden.

Eine Kostenexplosion sieht anders aus
8. April 2014 / Rubrik: Gesundheitspolitik, Gesundheitssystem, Strategien der Meinungsmache / von Wolfgang Lieb

Seit Jahren lesen und hören wir ständig Schreckensmeldungen über Kostenexplosionen im Gesundheitswesen. Die alternde Gesellschaft und der medizinisch-technische Fortschritt werden üblicherweise als Gründe für die Kostensteigerungen angeführt.

Eine Gesundheitsreform nach der anderen wurde damit begründet, dass die Kosten gedämpft oder zumindest der Kostenanstieg begrenzt werden müssten. Ansonsten würden die Beitragssätze für die Krankenversicherungen weiter ansteigen und die so genannten »Lohnnebenkosten« Arbeitsplätze gefährden. Auch gestern wählte das *Statistische Bundesamt* mal wieder eine besorgniserregende Schlagzeile: *»Gesundheitsausgaben 2012 übersteigen 300 Milliarden Euro«.*

Die Wahrheit: Eine Kostenexplosion sieht anders aus.

Nahezu alle Medien schlossen sich aber der Alarmmeldung aus Wiesbaden an: *»Die Ausgaben für Gesundheit sind in Deutschland so hoch wie nie zuvor«,* titelte der *Spiegel.* Sogar die Nachrichtenagentur *Reuters* meldete: *»Gesundheitsausgaben übersteigen erstmals 300 Milliarden Euro. Die öffentlichen und privaten Ausgaben für den Gesundheitssektor haben einen neuen Rekord erreicht.«*

Tatsächlich sind die (gesamten) Gesundheitsausgaben im vom *Statistischen Bundesamt* jetzt erfassten Jahr 2012 um 2,3 Prozent höher als 2011. In absoluten Zahlen sind die Ausgaben so hoch wie nie zuvor, **doch was heißt das schon?**

Im Jahr 2012 lag die Inflationsrate in Deutschland bei 2,0 Prozent, das heißt, die Gesundheitsausgaben sind real um 0,3 Prozentpunkte angestiegen. Ist das die Meldung über einen *»neuen Rekord«* wert?

Die Nominallöhne stiegen im selben Zeitraum übrigens um 2,6 Prozent. Das ist nach Abzug der Inflationsrate auch nicht gerade viel. Es ist jedoch immerhin ein Vergleichswert, der deutlich macht, dass der Anstieg der Gesundheitsausgaben nicht gerade zu weiterer Verarmung führt.

Vergleicht man die Gesundheitsausgaben mit der rechnerisch einzig sinnvollen Größe, nämlich der Wirtschaftsleistung, so machten diese Ausgaben 11,3 Prozent des Bruttoinlandsproduktes aus. Im Jahr zuvor lag der Anteil der Gesundheitsausgaben bei 11,2 Prozent und im Jahre 2010 lag er mit 11,6 Prozent sogar höher. Seit zwanzig Jahren ist der Anteil der Gesundheitsausgaben am BIP von 10,1 auf 11,3 Prozent, also um 1,2 Prozentpunkte angestiegen.

Eine Kostenexplosion sieht anders aus!

Man vergleiche diesen Anstieg der Gesundheitsausgaben im Jahre 2012 nur einmal mit der Steigerung der Energiepreise (+ 5,7 Prozent) oder mit der Preisentwicklung bei den meisten Nahrungsmitteln (+ 3,2 Prozent) oder bei den Verbrauchsgütern (+ 3,7 Prozent) im gleichen Zeitraum.

Man fragt sich, welches Motiv hinter dem Alarmismus vor Kostensteigerungen gerade im Gesundheitswesen steht.

Ein naheliegender Grund, warum gerade bei den Gesundheitsausgaben Angst und Sorge verbreitet werden, könnte sein, dass man die Beitragszahler auf höhere Beiträge einzustimmen versucht.

Ein weiteres Motiv wäre, dass man die Versicherten auf Leistungsreduktionen bei der Gesundheitsversorgung bzw. auf höhere private Zuzahlungen bei medizinischen Leistungen oder bei Medikamenten vorbereiten möchte.

Der wichtigste Antrieb ist jedoch wahrscheinlich, dass bei der gesetzlichen Krankenversicherung, die mit 57,4 Prozent den Löwenanteil an den Ausgaben trägt, die Arbeitgeberseite an der Beitragsfinanzierung mit 7,3 Prozent des Beitragssatzes mitbeteiligt ist.

In unserem Land, in dem Wettbewerbsfähigkeit groß geschrieben wird, sind eben Ausgaben für soziale oder gesundheitliche Leistungen, sofern sie als Kostenfaktor der Wirtschaft zu Buche schlagen, ein Politikum.

Und noch etwas macht die neue Statistik deutlich: Für das den Agenda-Reformen zugrundeliegende Argument, dass die zunehmende Alterung zu Kostenexplosionen im Gesundheitswesen führe, bieten die Zahlen keinerlei Anhaltspunkt.

Ein ganz alltäglicher Fall von »Papageien«-Journalismus

30. Juni 2014 / Rubrik: Manipulation des Monats, Strategien der Meinungsmache / von Wolfgang Lieb

Passend zum Inkrafttreten des Rentenpakets am 1. Juli veröffentlicht der Bankenverband eine Umfrage, mit der die Wirtschaftslobby ihren politischen Kampf gegen die abschlagsfreie Rente mit 63 fortsetzt. Und zwar mit einem der plumpsten Propaganda-Tricks: Der Bankenverband gibt die von ihm bei der GfK Marktforschung bestellten Umfrageergebnisse exklusiv an die ihm ideologisch nahestehenden *Bild am Sonntag* und *bild.de* weiter. Deren Redaktionen nutzen das »Leckerchen« gerne, um ihre schon lange andauernde Kampagne gegen die Rente mit 63 fortzusetzen. Und wie Papageien, die Papageien nachplappern, übernehmen sogar Nachrichtenagenturen und sogenannte Qualitätsmedien kritiklos die irreführende Botschaft und machen bei der Meinungsmanipulation denkfaul oder ganz bewusst mit.

Folgender Artikel war zu lesen:

>**»Die Wünsche der Deutschen: 41 Prozent wollen länger als 65 arbeiten – Umfrage ergibt klare Mehrheit für flexibles Renteneintrittsalter.** *Mehr Rente für Mütter und abschlagsfreier Ruhestand schon ab 63: Zum 1. Juli tritt das Rentenpaket von Arbeitsministerin Andrea Nahles (SPD) in Kraft. Dank einer Gesetzeslücke können einzelne Arbeitnehmer mit 45 Beitragsjahren sogar schon mit 61 aus dem Job aussteigen.*
>
> *Viele Deutsche würden jedoch gern länger arbeiten! So wollen 32 Prozent der Bundesbürger am liebsten erst zwischen 65 und 69 Jahren in Ruhestand gehen. 9 Prozent wollen sogar über ihren 70. Geburtstag hinaus arbeiten.*
>
> *Und nur jeder zweite Deutsche bevorzugt die Rente zwischen 60 und 64. Das ergab eine repräsentative Umfrage der GfK Marktforschung für den Bundesverband deutscher Banken (1265 Befragte), die BILD am SONNTAG vorliegt.*

Interessant: Sogar 54 Prozent der Senioren (über 60) würden oder hätten gern länger als bis 65 gearbeitet.

Grundsätzlich ist eine überwältigende Mehrheit von 86 Prozent der Befragten der Meinung, der Renteneintritt solle flexibel gestaltet werden. Nur 14 Prozent plädieren für ein starres Renteneintrittsalter ...«

Bei ihrer Kampagne gegen die abschlagsfreie Rente mit 63 nach 45 Versicherungsjahren scheuen die *Bild*-Leute nicht vor mehreren dreisten Meinungsmanipulationen zurück:

Das beginnt schon mit der Überschrift: »*41 Prozent wollen länger als 65 arbeiten*«. Hätte man geschrieben, 59 Prozent wollen nicht länger als 65 arbeiten, dann wäre die Botschaft natürlich schon eine ganz andere gewesen.

Noch mieser ist der Versuch der Irreführung mit dem Satz: »*Und* **nur** *jeder zweite Deutsche bevorzugt die Rente zwischen 60 und 64*« (Hervorhebung von mir). Was heißt hier »nur« jeder Zweite? Die Überschrift hätte lauten können, ja sogar müssen: »Jeder Zweite will zwischen 60 und 64 in Rente gehen«. Mehr als die Hälfte der Befragten (nämlich 59 Prozent) will also nicht bis 65 arbeiten und schon gar nicht länger als 65.

Mit der Unterüberschrift der vom *Bundesverband deutscher Banken* bestellten Umfrage – »*klare Mehrheit für flexibles Renteneintrittsalter*« – wollen die Bauernfänger suggerieren, die meisten Bürger seien für einen flexiblen Renteneintritt jenseits von 65 Jahren.

Selbst der Artikel kann aber nicht verschweigen, dass schon die Hälfte der Befragten für einen flexiblen Renteneintritt zwischen 60 und 64 ist. Nur 32 Prozent sind für einen Zeitraum zwischen 65 und 69.

Kein Wunder, dass also dann insgesamt angeblich 86 Prozent eine flexible Gestaltung des Renteneintritts wollen, wobei eben schon mindestens die Hälfte unter Flexibilität das Alter zwischen 60 und 65 verstehen. Es werden schlicht diejenigen, die für einen flexiblen Renteneintritt bis 64 sind, mit denjenigen, die für einen späteren Renteneintritt sind, addiert. Nur so erklärt sich der hohe Wert. Er enthält aber keinerlei Aussage darüber, was die Befragten unter Flexibilität verstehen.

Dass *Bild am Sonntag* und *bild.de* ihre Leser und Leserinnen für dumm verkaufen wollen, ist schon schlimm genug. Zu einer Blamage für den Journalismus wird der mediale Umgang mit dieser Meldung: Wenn nämlich Presseagenturen daraus eine Nachricht machen und diese dann von ach so bedeutenden »Qualitätsmedien« wie etwa *Zeit Online* und *Welt.de* kritiklos nachgedruckt wird. Auch jede Menge anderer Medien belegen den Papageien-Journalismus bei uns im Lande. Geben Sie einfach einmal »41 Prozent wollen länger arbeiten« oder »GfK Marktforschung Renteneintrittsalter« in eine Suchmaschine ein. Sie werden erstaunt sein, wie hierzulande Meinung gemacht wird.

Daran kann man sehen, dass die Ergebnisse von Umfragen vom Auftraggeber abhängen. Dasselbe Umfrageinstitut, nämlich die *GfK Marktforschung*, kam im Januar dieses Jahres für die *Apotheken Umschau* zu völlig anderen Befunden und Botschaften:

»Nur knapp jedem Vierten (23,7 Prozent) macht die Arbeit so viel Spaß, dass er es sich gut vorstellen kann, über das 67. Lebensjahr hinaus zu arbeiten.

Mit 69 Prozent der weitaus größere Teil möchte unbedingt weit vor dem gesetzlichen Renteneintrittsalter in den Ruhestand gehen, falls ihm dies die finanzielle Lage dann erlaubt. Eine Rolle bei diesem Wunsch könnte auch die Sorge um die körperliche Verfassung spielen: Fast die Hälfte (47,3 Prozent) der im Arbeitsleben stehenden Befragten belastet der derzeitige Beruf gesundheitlich so stark, dass sie es sich nicht vorstellen können, wirklich bis zum Alter von 67 Jahren arbeiten zu können.«

Sorge um ihre eigene Gesundheit aufgrund von beruflicher Überlastung müssen sich die Redakteure, die Meldungen von Lobbyorganisationen übernehmen und nachplappern, nicht machen. Bevor man nachdenkt, recherchiert und sich damit überhaupt Arbeit macht, frisst man Lobbygruppen aus der Hand oder übernimmt einfach manipulierende Meldungen, die von anderen Kampagnenmedien verbreitet werden, als Nachricht. Mit einer solchen Berufsauffassung können die Papagei-Journalisten natürlich noch bis ins hohe Greisenalter »arbeiten«.

Übrigens: Papageien erreichen auch unter den Vögeln das höchste Alter. Nachplappern strengt offenbar nicht an.

3 Angelas zahmes Haustier
Das GroKo-dil lässt Merkel
durchregieren

Irgendwie ist es ja langweilig, immer auf der SPD herumzuhacken. Aber es erschließt sich nicht, warum es eigentlich eine Große Koalition gibt, wenn Angela Merkel so weiter regiert wie eh und je. Und die SPD? Findet das ganz prima, denn sie darf mitmachen!

SPD: Inszenierte Mitgliederbeteiligung statt einer Aufarbeitung der Wahlniederlage

14. Oktober 2013 / Rubrik: Wahlen, Koalitionen & Parteien / von Wolfgang Lieb

Rot-Grün, das Wahlziel beider Parteien, ist gescheitert. Bei den Grünen hat das zu personellen Konsequenzen geführt. Bei der SPD hat das zweitschlechteste Wahlergebnis in der Nachkriegsgeschichte keinerlei Debatte um die Parteiführung und deren Kurs ausgelöst.

Im Gegenteil: Die inszenierte »*innerparteiliche Demokratie*« und die angebliche »*Mitgliederbeteiligung*« sind nichts anderes als ein **taktisches Manöver der Parteiführung**, um eine Analyse der Wahlniederlage und eine personelle Erneuerung der Parteispitze und des politischen Kurses der SPD zu verhindern.

Wie 2009 hat Frank-Walter Steinmeier schon am Abend der Wahlniederlage den Anspruch auf den Vorsitz der Bundestagsfraktion angemeldet. Nur zwei Tage danach wurde er mit über 90 Prozent der Stimmen gewählt. Der Parteivorsitzende Sigmar Gabriel wurde gar nicht erst in Frage gestellt. Kanzlerkandidat Steinbrück hat die Rolle des Sündenbocks übernommen und »*ein geordnetes Ende*« seiner Karriere angekündigt. Er strebe kein Amt in der Partei und in der Bundestagsfraktion mehr an, erklärte er. Dieser Rückzug kostete ihn allerdings nicht sehr viel, denn solche Ämter hatte er schon seit 2009 nicht mehr inne und das war – wie man weiß – gewiss nicht zu seinem wirtschaftlichen Schaden.

Der Parteivorsitzende Gabriel hatte die Idee, einen Parteikonvent einzuberufen, aber nicht etwa um über den Wahlausgang zu diskutieren, sondern um über die Aufnahme von Sondierungsgesprächen mit der CDU/CSU befinden zu lassen. Nach den in dieser Woche stattfindenden Gesprächen mit CDU/CSU soll der nur unterbrochene Parteikonvent erneut zusammentreten und darüber entscheiden, ob nun tatsächlich auch Koalitionsverhandlungen aufgenommen werden sollen.

Die Parteiführung stellt diese Vorgehensweise als Stärkung der »*innerparteilichen Demokratie*« dar; in Wirklichkeit ist dies nur ein deutlicher Beleg dafür, wie ängstlich die Parteispitze gegenüber der Stimmungslage an der Basis ist. Üblicherweise stimmt ein Parteitag über einen ausgehandelten Koalitionsvertrag ab. Doch dieses Risiko wollte die Führung offenbar nicht eingehen.

»*Gabriels Meisterleistung*« – wie *Die Welt* zu Recht schrieb – besteht darin, einen innerparteilichen Prozess zuerst über die eigentlich banale Frage der »*Gesprächsbereitschaft*« und danach über die Aufnahme von Koalitionsverhandlungen mit der CDU/CSU inszeniert zu haben, der einen Mitglieder- oder Parteitagsentscheid vorprägen soll.

Selbst diejenigen in der Partei, die aus den verschiedensten Motiven gegen eine Große Koalition sind, konnten sich der Aufnahme von Gesprächen nicht verweigern. Wenn einige Landesverbände der SPD Vorbehalte gegen Schwarz-Rot haben, so weniger aus grundsätzlichen politischen Gründen, sondern vor allem wegen des eigenen Machterhalts. Mit einer Regierungsbeteiligung der SPD könnten all die Regierungsämter, die die SPD während Schwarz-Gelb zurückerobert hat, wieder verloren gehen. Das war jedenfalls die bittere Erfahrung während der letzten Großen Koalition.

Der Parteikonvent ist ein hervorragend geeignetes Instrument, die Basis der Partei einzubinden oder besser gesagt, in die Pflicht zu nehmen. Auf diesem 2011 geschaffenen »kleinen Parteitag« sind nur etwa ein Drittel der Delegierten eines ordentlichen Bundesparteitages vertreten. Das politische Spektrum der Partei ist dadurch deutlich eingeschränkt. Die von den Parteibezirken gewählten Delegierten beschränken sich in aller Regel auf die Spitzenfunktionäre der jeweiligen Untergliederungen. Neben den etwa 200 Delegierten sind auch die Mitglieder des 30-köpfigen Parteivorstands stimmberechtigt, dazu sämtliche Spitzen etwa aus der Bundestagsfraktion, der Landesverbände oder die von der SPD gestellten Ministerpräsidenten beratend vertreten. Es ist klar, dass in diesem Parteikonvent eher das Establishment der SPD das Sagen hat. Eine Abstimmung der Mitglieder oder des Parteitages gegen ein Votum des Parteikonvents käme einer Palastrevolution gleich.

Und wenn die Spitzengenossen erst einmal wieder in der Regierung sitzen werden, ist die Chance, dass es zu einer Umkehr des verhängnisvollen politischen Kurses kommen könnte, ohnehin vertan.

Koalitionsvertrag – Gedankensplitter zum Kleingedruckten

29. November 2013 / Rubrik: Aktuelles, Wahlen, Koalitionen & Parteien / von Wolfgang Lieb

Wenn man die Fernsehinterviews mit Merkel, Gabriel und Seehofer sieht, dann könnte man den Eindruck gewinnen, als hänge das Schicksal der Republik an nur wenigen Entscheidungen: z.B. dem zum Mindestlohn. Oder an der abschlagsfreien Rente mit 63. Oder vielleicht noch daran, wie in den nächsten vier Jahren jenseits der derzeitigen Haushaltsplanung noch zusätzlich 23 Milliarden für »*Wohltaten*« (wie es immer so schön heißt) aufgebracht werden könnten. Die politische Grundrichtung des Koalitionsvertrags, nämlich die Fortsetzung des Merkel-Kurses, wird kaum kritisiert. Wenn man Genaueres dazu wissen will, dann lohnt sich der Blick ins Kleingedruckte.

Betreuungsgeld nicht unter Finanzierungsvorbehalt

So kommt zum Beispiel das Wort Betreuungsgeld – das Herzensanliegen der CSU (gegen die SPD und sogar gegen die CDU durchgesetzt) – gar nicht mehr vor. Diese mittelfristig auf über 1,2 Milliarden geschätzten Kosten werden auch nicht mehr unter den Vorbehalt weiter steigender Steuereinnahmen gestellt.

Keine Verbesserung der Ausbildungsförderung

Nur noch beim »Aufstiegsfortbildungsförderungsgesetz« (AFBG) sollen die Förderleistungen verbessert werden. Für die Verbesserung der sozialen Lage der großen Masse der Studierenden aus sozial benachteiligten Verhältnissen ist also keine Verbesserung vorgesehen. So viel also zur »*Chancengerechtigkeit durch Bildung*«!

Statt BAföG-Erhöhung ist jedoch das »Deutschlandstipendium« für derzeit 0,6 Prozent der »*hochqualifizierten*« Studierenden, sogar mit einem speziellen Unterpunkt, erwähnt.

PKW-Maut einführen, Luftverkehrssteuer abschaffen

Da wurde das Thema »PKW-Maut« von der CSU zur Frage von Sein-oder-nicht-Sein der Koalition gemacht. Aber gleichzeitig beantragte offenbar die Unionsseite die Abschaffung der Luftverkehrssteuer. Der umweltfreundlichere Schienenverkehr bleibt nach wie vor durch die EEG-Umlage belastet.

Man muss sich einmal vergegenwärtigen, dass die Luftverkehrssteuer (im Jahr 2011) 527 Millionen Euro einbrachte, während die Mehreinnahmen aus der Maut für ausländische PKW vom gewiss autofreundlichen ADAC gerade mal auf 260 Millionen Euro geschätzt werden.

Von der Abschaffung der Luftverkehrssteuer, die noch nicht einmal zu einem Rückgang des Luftverkehrs geführt hat, ist zwar in der Endfassung nicht mehr die Rede. Das hat man sich dann doch nicht getraut. Aber für die Abschaffung lässt der Koalitionsvertrag Tür und Tor offen. Es heißt jetzt: *»Bei der Einführung von fiskal- oder ordnungspolitischen Maßnahmen im Luftverkehr werden wir auf ein positives Nutzen-Kosten-Verhältnis achten.«* Die Luftverkehrslobby darf sich die Hände reiben.

Die Hotelier-Steuerentlastung bleibt

Und das, obwohl die SPD zur Bundestagswahl angekündigt hatte, sie werde dieses Klientelgeschenk der FDP zurücknehmen. Bundestagspräsident Lammert (CDU) sprach davon, dass die Mehrwertsteuersenkung für Übernachtungen in Hotels Mindereinnahmen von rund einer Milliarde Euro zur Folge hatten.

Hätte man dieses Kuckucksei der FDP aus dem Koalitionsvertrag geworfen, hätte man dafür eine ordentliche Zahl von Ganztagsschulen finanzieren können.

Nichts Konkretes zu Ganztagsschulen

Die SPD wollte (so der Vorentwurf vom 24.11.) mit einem Ganztagsschulprogramm fördern, dass *»langfristig jedem Kind und Jugendlichen, unabhängig vom Wohnort ... einen Ganztagsplatz«* angeboten werden kann. Im Koalitionsvertrag heißt es nur noch völlig substanzlos: (Wir wollen) *»die Mittel für Bildung im Zusammenwirken von Bund und Ländern nochmals erhöhen. Ausbau und Qualität von Kitas und Ganztagsschulen verbessern den Bildungser-*

folg der Kinder.« Schön, dass das wenigstens nochmals gesagt wird.

Die Mindestlohnfalle

Kommen wir zum »Erfolg«, den die SPD und die Gewerkschaften am meisten feiern und deswegen unbedingt die Zustimmung der SPD-Mitglieder für zwingend halten, nämlich den Mindestlohn.

6,9 Millionen Arbeitnehmer bekommen derzeit weniger als 8,50 Euro brutto in der Stunde – immerhin 2,7 Millionen davon sind Vollzeitbeschäftigte. Ein Drittel der Niedriglöhner findet sich bei tarifgebundenen Arbeitgebern. Hochgerechnet auf eine 40-Stunden-Woche ergibt sich etwa ein Bruttomonatslohn von maximal 1 450 Euro. Das liegt an der Pfändungsgrenze und bei der Normalarbeitszeit von 38 Stunden gerade mal auf der Höhe der Grundsicherung. Schon jetzt sind viele Arbeitnehmer, die davon eine Familie zu ernähren haben, Aufstocker. Und schon gar nicht reichen 8,50 Euro zu einer Rente, die ein auskömmliches Leben ermöglicht.

Selbst für diejenigen, für die ein solcher Mindestlohn 2015 zum gesetzlichen Anspruch würde, wird noch ein Jahr ins Land ziehen, und bis dahin hätte dieser Lohn – inflationsbedingt – nicht mehr eine Kaufkraft von 8,50 Euro. Bei einer Inflationsrate von zwei Prozent (so das EZB-Ziel) wäre es nach heutiger Kaufkraft noch ein Mindestlohn von 7,85 Euro.

Vom Zusammenhang zwischen der Steigerung der Produktivität und der Lohnhöhe wollen wir gar nicht erst reden, danach müsste der Mindestlohn 2017 bei 9,70 Euro liegen.

Und dieser »Erfolg« veranlasst also die meisten Gewerkschaftsführer dazu, ihre SPD-Mitglieder aufzufordern, dem Koalitionsvertrag zuzustimmen.

»Beitragsjahre« statt »Versicherungszeit« bei der Rente mit 63

Sehen wir an dieser Stelle einmal davon ab, dass die früheren Renten-»Reformen« von Rot-Grün mit der Senkung des Rentenniveaus auf 42 Prozent festgeschrieben wurden. Für Sigmar Gabriel ist das der Beweis, dass der Koalitionsvertrag für die »*kleinen Leute*« geschrieben worden sei, weil »*langjährig Versicherte, die durch 45 Beitragsjahre (einschließlich Zeiten der Arbeitslosigkeit) ihren Beitrag zur Stabilisierung der Rentenversicherung erbracht haben*«, ab dem 1. Juli 2014 mit dem vollendeten 63. Lebensjahr abschlagsfrei in Rente gehen können. Es wird jedoch nur eine überschaubare Zahl von Arbeitnehmern sein, die in den Genuss dieser Regelung kommen.

Aber selbst hier gibt es zwischen dem Antrag der SPD in der Fassung vom 24. November und der Endfassung des Koalitionsvertrags noch einen kleinen, aber bedeutenden Unterschied. In der Vorfassung war noch von 45 »*Versicherungsjahren*« die Rede. Jetzt heißt es 45 »*Beitragsjahre*«. Ein kaum merkbarer, aber wichtiger Unterschied, denn damit wird die Zahl der mit dieser Regelung Begünstigten noch kleiner, als sie ohnehin schon war.

Unser Leser B.S. wies mich (wohl unter Bezugnahme auf die *WAZ*) darauf hin, dass dieser Begriffswechsel von Versicherungs- auf Beitragsjahre einen enormen Unterschied ausmacht: Ausbildungszeiten etwa sind zwar Versicherungs-, aber keine Beitragsjahre! Von den Kinder-Erziehungszeiten gelten nur drei Jahre als Beitragsjahre. Bisher zählten auch Zeiten der Arbeitslosigkeit nicht. Die sollen nun nach dem Willen der Koalitionäre zwar eingerechnet werden, wobei aber noch völlig offen ist, ob nur die kurzen Zeiten im Arbeitslosengeld I gelten, für die ja Beiträge an die Rentenversicherung gezahlt werden, oder auch Hartz-IV-Zeiten.

Außerdem ist die Rente mit 63 bereits ab dem Jahr 2015 nicht mehr wörtlich zu nehmen. Denn das frühestmögliche Renteneintrittsalter steigt auch für langjährige Beitragszahler parallel zur

Rente mit 67 an. Ab Juli 2014 können sie mit 63 in Rente gehen, im Jahr darauf mit 63 und einem Monat und in den Folgejahren immer später, bis 2030 für sie wieder die heute schon geltenden 65 Jahre der frühestmögliche Ausstieg sind.

Die Regierung schreibt und bleibt

An diesen kleinen, aber wichtigen Änderungen wird deutlich, dass zwischen der SPD und den Regierungsparteien keinerlei Waffengleichheit bestand. Der Koalitionsvertrag wurde erkennbar von der politischen Leitungsebene der Ressorts und dem Kanzleramt formuliert. Die Details wurden von den Mitarbeitern der Fachressorts hineingeschmuggelt. Da konnte die Verhandlungsgruppe der SPD zahlenmäßig noch so groß sein, sie konnte in den Details von Merkel nur über den Tisch gezogen werden. Die SPD-Seite hat sich selbst bei den für sie wichtigen Themen schlicht austricksen lassen bzw. konnte keine fachliche Gegenwehr leisten. Wer schreibt, der bleibt, heißt es schon beim Kartenspiel.

Mitgliederentscheid als Farce

Da ist es schon komisch, wenn gegenwärtig in den Medien geradezu kampagnenhaft dagegen polemisiert wird, dass die SPD ihre Mitglieder über den Koalitionsvertrag entscheiden lassen will. Ausnahmsweise gebe ich dabei einmal Angela Merkel recht, die den Mitgliederentscheid für einen »*ganz normalen Vorgang*« hält.

Es hat wohl noch keinen einzigen Koalitionsvertrag gegeben, über den nicht irgendwelche Parteigremien abgestimmt hätten. Warum sollten aber ein Parteivorstand oder gar ein Parteitag mit ein paar Dutzend oder ein paar Hundert Parteivertretern eher legitimiert sein, ein Votum abzugeben, als die rund 470 000 Mitglieder einer Partei – und das noch mit einem hohen Teilnahmequorum?

Mehr innerparteiliche Demokratie setzte allerdings voraus, dass die Mitglieder der SPD frei und souverän wären, in der Sache zu entscheiden. Das Gegenteil ist der jedoch der Fall: Die gesamte Parteiführung – und zwar nicht nur an der Spitze, sondern auch auf der gesamten Funktionärsebene – hat die Mitglieder nicht zu einer Abstimmung über die Inhalte des Koalitionsvertrages aufgerufen, sondern sie hat in guter alter Schröder-Manier die Mitglieder sozusagen vor eine »Vertrauensfrage« gestellt.

Motto: Ihr dürft zwar frei abstimmen, aber wehe, Ihr stimmt nicht mit Ja. Dann bricht nämlich die gesamte Parteistruktur in sich zusammen und in der Bundespolitik regiert das nackte Chaos! Das ist nicht einmal mehr eine Aufforderung zur Wahl des kleineren Übels, das ist nur noch Erpressung. Dies umso mehr, als die Mitglieder der SPD-Bundestagsfraktion gestern einstimmig bei zwei Enthaltungen den Koalitionsvertrag gebilligt und damit schon signalisiert haben, dass ein Mitgliedervotum für einen »freien« Abgeordneten vielleicht eine moralische Verpflichtung bedeutet, aber eben nicht bindend ist.

Es lebe die SPD!!

GroKo wie Krokodil...

Quelle: *Klaus Stuttmann*

Angela Merkel kann endlich durchregieren –
Die Sozialdemokraten feiern das als Erfolg

17. Dezember 2013 / Rubrik: Aktuelles, Wahlen, Koalitionen & Parteien / von Wolfgang Lieb

Heute wird Angela Merkel zum dritten Mal zur Kanzlerin gewählt. Sigmar Gabriel hat als Vizekanzler das Kunststück vollbracht, die Wahlniederlage der SPD als Erfolg darzustellen. Aber tatsächlich hat Merkel mit Hilfe der SPD-Führung endlich ihr strategisches Ziel erreicht, nämlich die Sozialdemokraten als eine politische Gegenkraft auszuschalten. Sie kann nun gegen eine winzige Opposition endlich das schaffen, was ihr schon seit 2005 vorschwebte, nämlich endlich durchregieren. Die SPD hat inzwischen – geradezu traditionell – ihre Wahlverlierer im Kabinett untergebracht. Sozialdemokratisches Profil ist damit kaum zurückzugewinnen.

Jetzt ist klar, warum vor dem Mitgliederentscheid der SPD die Personalentscheidungen für das Kabinett nicht bekannt werden sollten: Das Ergebnis des Mitgliedervotums wäre vermutlich erheblich schlechter ausgefallen.

Auf dem Bundesparteitag der SPD in Leipzig vor ein paar Wochen erreichte die künftige Arbeits- und Sozialministerin Andrea Nahles mit gerade einmal 67,2 Prozent der gültigen Stimmen das schlechteste Ergebnis bei einer Wahl zur SPD-Generalsekretärin. Auch die Ergebnisse von Barbara Hendricks (Ministerin für Umwelt, Naturschutz, Bau und Reaktorsicherheit) und Manuela Schwesig (Ministerin für Familie, Senioren, Frauen und Jugend) oder auch für die künftige Staatsministerin für Integration im Bundeskanzleramt, Aydan Özoguz, fielen mit rund 80 Prozent eher mäßig aus. Normalerweise gelten solche Zustimmungswerte auf einem Parteitag als »Klatsche«.

Mit Hans Eichel über Wolfgang Clement und Peer Steinbrück ist in der SPD offenbar eine Tradition begründet worden, dass Wahlverlierer oder für Wahlniederlagen Verantwortliche in Ministerämter aufsteigen. Sarkastisch könnte man sagen, dass die SPD zu einem Hilfswerk für gescheiterte sozialdemokratische Politiker geworden ist.

Für Steinmeier, der als damaliger Außenminister der Großen Koalition und als Kanzlerkandidat 2009 das historisch schlechteste Ergebnis für die SPD eingefahren hat, gilt das Gleiche. Er darf nun als Außenminister erneut durch die Welt jetten und mit geölten diplomatischen Floskeln sich selbst darstellen und womöglich Kriegseinsätze oder eine sich abzeichnende neue West-Ost-Konfrontation beschönigen. Und vor allem aber wird er im neuen Kabinett darüber wachen, dass das von ihm als Kanzleramtsminister unter Gerhard Schröder als Consigliere betreute Projekt der Agenda 2010 nicht aufgeweicht werden kann.

Auch die einzige Überraschung in der SPD-Ministerriege, Heiko Maas als Justizminister, der – wie Heribert Prantl richtig schreibt – als Rechtspolitiker »*bislang mit keinem einzigen Satz aufgefallen*« ist, hat drei Niederlagen für die saarländische SPD eingefahren. Er hat sich dort, obwohl es im Saarland eine Mehrheit jenseits der CDU gegeben hätte, für eine Rolle als Juniorpartner in einer Großen Koalition entschieden.

Sigmar Gabriel wird als Vizekanzler in die Kabinettsdisziplin eingebunden und mit dem Management der Energiewende kräftemäßig weitgehend absorbiert sein, so dass er als Parteivorsitzender kaum neue Impulse in der SPD setzen können wird. Wie sollte man als Vizekanzler eine Alternative zur eigenen Regierung organisieren können?

Warum werden eigentlich ausgerechnet Zeitungszusteller vom Mindestlohn ausgenommen?

1. Juli 2014 /Rubrik: Aktuelles, Das kritische Tagebuch, Erosion der Demokratie, Medienkonzentration, Niedriglohnsektor, Ungleichheit, Armut, Reichtum / von Jens Berger

Der Mindestlohn kommt, jedoch nicht flächendeckend. Die mächtige Lobby der Zeitungsverleger hat es geschafft, sich selbst von den gesetzlichen Regelungen auszuklammern. So gilt der vorgeblich flächendeckende Mindestlohn von 8,50 Euro pro Stunde nicht für die rund 160 000 Zeitungszusteller in diesem Lande. Warum ausgerechnet Zeitungszusteller? Die Kritik der Medien an diesem lächerlichen Kuhhandel bleibt erwartungsgemäß aus. Willkommen in der Bananenrepublik Deutschland.

Mit zwei Ausnahmen gehören sämtliche Tageszeitungen mit einer Auflage von mehr als 200 000 Exemplaren Familien, die in der *Manager-Magazin*-Top-500-Liste der reichsten Deutschen vertreten sind. Und das kommt nicht von ungefähr. Allen Unkenrufen zum Trotz ist und bleibt die Verlagsbranche hoch rentabel. Wie viele andere Branchen erwirtschaftet die Verlagsbranche ihre Renditen auch auf dem Rücken von Niedriglöhnern. Neben den zum Teil sehr schlecht bezahlten Journalisten sind es hier vor allem die Zeitungszusteller, die unter prekären Arbeitsbedingungen leiden. Laut Zeitungsbranche würde die Einführung eines Mindestlohns für die Verlage Mehrkosten in Höhe von 225 Millionen Euro bedeuten. Umgerechnet heißt dies, dass jeder einzelne Zeitungszusteller 1 406 Euro pro Jahr mehr bekäme, wenn er mit 8,50 Euro pro Stunde bezahlt würde – für Minijobber ist dies eine gewaltige Zahl. Oder um es kurz und bündig zusammenzufassen: Wenn wir über die Einführung eines Mindestlohns sprechen, geht es dabei vor allem um Berufe wie die des Zeitungszustellers.

Die Macht der großen Verlegerfamilien hat es jedoch verhindert, dass die Zeitungszusteller vom neuen Mindestlohn profitieren. Zunächst versuchte Arbeitsministerin Andrea Nahles den Verlegern den Mindestlohn durch einen Rabatt bei den Sozialabgaben für die Zeitungszusteller schmackhaft zu machen. Dagegen lief ausgerechnet der Wirtschaftsflügel der CDU Sturm. Heraus kam ein »Kompromiss«, der besagt, dass Zeitungszusteller erst einmal vom Mindestlohn ausgenommen sind. Die Lobbyarbeit der Verleger hat also Früchte getragen. Es kommt auch nicht jeden Tag vor, dass eine Branche von der Politik ein 225-Millionen-Euro-Geschenk überreicht bekommt. Da versteht es sich von selbst, dass man dem geschenkten Gaul nicht ins Maul schaut.

Oder haben Sie in Ihrer Zeitung einen kritischen Artikel über das Millionengeschenk an die Verlegerfamilien gelesen?

Warum nimmt die Politik ausgerechnet Zeitungszusteller vom Mindestlohn aus? Die Begründung der Verlegerlobby ist wahrlich drollig. Da ein Mindestlohn die wirtschaftliche Existenz etlicher Zeitungen verletzen würde, stünde die Pressefreiheit in Gefahr, so vermeldete es das *Handelsblatt*. Geht es nicht noch ein bisschen grotesker und dreister? Nach dieser Logik sind auch Hungerlöhne für Krankenpfleger gerechtfertigt, da ansonsten ja Krankenhäuser geschlossen werden müssten und die öffentliche Gesundheitsvorsorge in Gefahr wäre. Nach dieser Logik ließen sich in so ziemlich in jeder Branche Hungerlöhne rechtfertigen. Manche Logik glänzt nun einmal vor allem dadurch, dass sie hanebüchen unlogisch ist. Die Pressefreiheit ist ein hohes Gut. Sie besagt jedoch nicht, dass die Verlegerfamilien ein durch das Grundgesetz abgesichertes Recht darauf haben, ihre Mitarbeiter auszubeuten und Traumrenditen einzustreichen.

Leider haben die Politiker der Großen Koalition jedoch ganz offensichtlich nicht den Schneid, sich gegen die Erpressungsversuche der Verleger zu wehren. Im Gegenteil, die Ausnahme der Zeitungszusteller aus dem Mindestlohn ist ein gefährliches Indiz dafür, wie wenig Macht die Politik in unserer Gesellschaft eigentlich hat. Nach dem Leistungsschutzrecht tanzt die Bundespolitik nun schon zum zweiten Mal binnen weniger Monate nach der Pfeife der Verleger.

4 Unternehmen Universität
Deutschlands Hochschulen – dem Markt ausgeliefert

Wenn die neoliberale Ideologie einen Bereich so richtig durchgerüttelt hat, dann ist es das Bildungswesen. Gelohnt hat sich das im Wortsinn allerdings nur für den einen oder anderen Hochschulrektor, der sich nicht nur als Manager fühlen – sondern auch so viel verdienen darf, wie die *NachDenkSeiten* aufdeckten.

Wer steuert die Hochschulen in Zeiten von Postdemokratie?

19. November 2013 / Rubrik: Andere interessante Beiträge / von Wolfgang Lieb

Der Begriff »*Postdemokratie*« wurde durch den britischen Politikwissenschaftler Colin Crouch in die Debatte eingeführt. Crouch beschreibt damit die formale Fortexistenz demokratischer Institutionen bei gleichzeitiger Selbstaufgabe der Politik.

In einer Gesellschaft gibt es jedoch nie ein Vakuum an Macht. Macht wird verlagert. Das sieht man beispielsweise an den öffentlich finanzierten Hochschulen im Verlauf der letzten zehn Jahre. Folgender Artikel basiert auf einem Diskussionsbeitrag, den ich an der Goethe-Universität Frankfurt gehalten habe.

Unter dem Tarnwort »*Autonomie*« wurde in Deutschland ein

Systemwechsel von der sich selbst verwaltenden Gruppenuniversität zur »*unternehmerischen*« Hochschule vollzogen.

Die Hochschulen sollen auf Quasi-Märkten agieren und ähnliche Organisationsstrukturen wie Profitunternehmen haben. Dafür wurden sie der normalen Gesetzgebung entzogen und den vorgeblich objektiven Gesetzen des Wissenschaftsmarktes inklusive Drittmittelwerbung und Konkurrenz auf dem Ausbildungsmarkt unterworfen.

Horizontale oder Bottom-up-Strukturen demokratischer oder kooperativer Interessenvertretung wurden von vertikalen, Top-down-Entscheidungsbefugnissen abgelöst.

Wie in einer Aktiengesellschaft soll in diesem Leitbild der unternehmerischen Hochschule das Management von der Spitze aus in allen Bereiche des Unternehmens – als »Dienstherr« des »Personals« (ehemals Hochschullehrer genannt) und bis hinein in die »Ausbildungsverhältnisse« (ehemals Studium genannt) – entscheiden können. Man braucht dazu sozusagen einen »Chief Executive Officer« als Präsidenten, gegen dessen Stimme keine Entscheidung getroffen werden kann.

Die Qualität einer Hochschule bestimmt sich nicht mehr aus ihrer wissenschaftlichen Anerkennung innerhalb der Scientific Community – also aus ihrem symbolischen oder »*kulturellen Kapital*« (Pierre Bourdieu). In der unternehmerischen Hochschule erweist sich Qualität in der »*Konkurrenz mit ihresgleichen*« (Pinkwart). Und die Qualität eines wissenschaftlichen Studiums lässt sich aus den Benchmarks von Hochschulrankings ableiten, die Qualität der Forschung aus der Höhe der Drittmitteleinwerbungen – also aus ganz handfestem Kapital.

Damit den Gesetzen des Wettbewerbs gefolgt werden kann, muss – dem Glaubensbekenntnis des Markt- und Wettbewerbsliberalismus entsprechend – der Staat aus dem Marktgeschehen möglichst weitgehend herausgehalten werden. **Das Parlament ist allenfalls noch der Zahlmeister, der** »Zuschüsse«(!) **gewährt.**

Dieses Glaubensbekenntnis basiert auf der Überzeugung, dass Wettbewerb und *»die Prinzipien unternehmerischen Handelns die wichtigsten Merkmale zum Aufbau einer zukunftsfähigen Gesellschaft«* seien. Indem *»die Grundsätze unternehmerischer, leistungsgerechter Gestaltung in allen Lebensbereichen zur Anwendung gebracht werden«*, sollen auch die staatlichen Hochschulen besser geleitet werden. So hat es der verstorbene Bertelsmann-Patriarch, Reinhard Mohn formuliert, der mit seiner Bertelsmann Stiftung und dem 1994 gegründeten *Centrum für Hochschulentwicklung* (*CHE*) einer der wirkungsmächtigsten »Reform-Motoren« für die Hochschulgesetze war. Das *CHE*, das die Hochschulrektorenkonferenz mit ins Boot genommen hat, entwickelte sich zum »informellen Bundeswissenschaftsministerium«.

Statt demokratisch legitimierter Organe wurde der Leitung der unternehmerischen Hochschule – wie bei einer AG – ein frei schwebender Aufsichtsrat als *»Fachaufsicht«* mit weitgehenden Kompetenzen vorgesetzt.

In Frankfurt werden die elf Mitglieder des Hochschulrats vom Ministerium für einen Zeitraum von vier Jahren bestellt. Weniger als die Hälfte, nämlich fünf Mitglieder, werden vom Senat, vier vom Präsidium und eines vom Stiftungskuratorium vorgeschlagen. Hinzu kommt ein Vertreter des Ministeriums.

Anders als etwa bei der Berufung der Rundfunkräte bei den öffentlich-rechtlichen Rundfunkanstalten haben die Landesparlamente bei der Bestellung der Hochschulräte durch das Ministerium nichts zu sagen. Mag man bei der Bestellung der Hochschulräte noch von einer teilweisen Legitimation durch den Hochschulsenat und von einer mittelbaren demokratischen Legitimation durch die vom Parlament gewählte Exekutive sprechen, so sind aber die Mitglieder des Hochschulrats nach ihrer Bestellung über ihre gesamte vierjährige Amtszeit keiner auch nur irgendwie demokratisch legitimierten Instanz mehr rechenschaftspflichtig. Sie können für ihre oft tiefgreifenden und kostenintensiven Entscheidungen von niemand zur

Verantwortung gezogen werden. Deshalb nenne ich die Hochschulräte »freischwebend«.

Die Hochschulratsmitglieder mögen zwar viel Engagement und Sympathie für »ihre« jeweilige Hochschule haben, doch sie müssen keinerlei fachliche oder rechtliche Kenntnisse besitzen, sie müssen noch nicht einmal mit dem Hochschulwesen vertraut sein. Sie sind ehrenamtlich tätig und müssen sich nach der Geschäftsordnung lediglich halbjährlich versammeln. In aller Regel haben Hochschulräte keinen eigenen planerischen Unterbau, der ihnen für ihre tiefgreifenden und weitreichenden Entscheidungen zuarbeiten könnte.

Es bestehen – so auch das Bundesverwaltungsgericht im Hinblick auf das niedersächsische Modell einer Stiftungshochschule – (wörtlich) »durchgreifende Zweifel«, ob diese Aufsichtsräte die ihnen vom Gesetz übertragenen Kompetenzen fachlich und sachlich ausfüllen können.

In der Praxis stärken Hochschulräte eher die Durchgriffsmacht der mit den Hochschulreformgesetzen ohnehin massiv gestärkten Hochschulleitungen gegenüber den Hochschulangehörigen und den Gremien der Hochschule.

Auf der Basis von Befragungen von Mitgliedern der Hochschulleitungen, von Hochschulratsmitgliedern und Kanzlern kommt eine neuere Studie des bertelsmannschen *CHE* über das »*strategische Management*« an den Hochschulen zum Ergebnis, dass Hochschulräte zwar kaum »*fachliche Impulse*« geben, aber dafür die Macht hätten, Strategien einzufordern.

Im Blick auf die fachlichen Impulse ergab sich nach dieser Befragung (so wörtlich) »*ein klares negatives Urteil*«:

»*Die große Mehrheit der Interviewten berichtete, dass die Hochschulräte (hier vor allem die externen Mitglieder) fachlich wenig zur Strategie der Hochschule beitragen (teils wollen, teils) können ... Gleichzeitig herrschte weitgehende Einigkeit dahingehend, dass es gar nicht wünschenswert sei, dass die Hochschulräte sich inhaltlich in die Strategieentwicklung einschalten würden. Bei den Vertreter(inne)n aus anderen gesellschaftlichen Feldern bestehe ohnehin nur die Gefahr, dass sie Erfahrungen aus ihrem eigenen Umfeld oder ihrer eigenen Branche überbewerteten …«*

Wenn aber selbst einer der Erfinder der Hochschulräte, das *CHE*, zu dem Befund kommt, dass die Hochschulräte zwar viel Macht haben, aber fachlich eher wenig zu einer Hochschulstrategie beitragen (können), dann stellt sich umso mehr die Frage, warum ihnen in den Hochschulgesetzen nach wie vor die Kompetenz eingeräumt bleibt, über die strategische Ausrichtung einer Hochschule zu entscheiden.

Dass – wie von Hochschulratsmitgliedern immer wieder betont wird – die gesetzlichen Kompetenzen von den Hochschulräten nicht ausgeschöpft werden, sondern diese ihre Funktion eher als *»Berater«* oder *»Unterstützer«* verstehen, ändert an der Rechtslage nichts. Im Gegenteil, diese Praxis spricht für eine Änderung der Gesetze.

Ich bin selbst Mitglied in einem Hochschulrat einer Hochschule und habe so seit über zehn Jahren Erfahrungen mit einem solchen »Aufsichtsrat« sammeln können. Dabei bin ich zur festen Überzeugung gelangt: Ein ehrenamtlicher Hochschulrat ist mit den ihm per Gesetz übertragenen Kompetenzen in aller Regel schlicht überfordert.

In der ganz überwiegenden Zahl der zu treffenden Entscheidungen hat das hauptamtliche Präsidium einen nicht einholbaren Informationsvorsprung und kennt die möglichen Handlungsoptionen erheblich besser als zumindest jedes externe Mitglied des Hochschulrates.

Etliche Präsidenten haben sich dadurch zu Alleinherrschern bzw. zu patriarchalischen Unternehmerpersönlichkeiten entwickelt.

Die zweithäufigste Gruppe in den Räten bilden Personen aus der Wirtschaft mit 36 Prozent, davon kommen 78 Prozent aus Großunternehmen. Aber vor allem: »Führungspersönlichkeiten« aus der Wirtschaft stellen nahezu die Hälfte aller Hochschulratsvorsitzenden. Arbeitnehmer oder andere Repräsentanten anderer gesellschaftlicher Gruppen sind nur zu einem winzigen Bruchteil vertreten. Der Anteil von Ruheständlern ist hoch.

Dem hiesigen Hochschulrat sitzt Dr. Rolf-E. Breuer vor, ehemaliger Sprecher des Vorstands und früherer Aufsichtsratsvorsitzender der Deutschen Bank AG. Weitere Repräsentanten der Wirtschaft sind Gabriele Eick, Executive Communications, Beratung für synchronisierte Unternehmenskommunikation, und Prof. Dr. Axel Weber, Verwaltungsratspräsident der Schweizer Großbank UBS. Der als Schatzmeister der Vereinigung von Freunden und Förderer der Frankfurter Uni firmierende Dr. Sönke Bästlein leitet das Corporate Advisory der Mainfirst-Gruppe. Hinzu kommen noch drei Repräsentanten der Landes- und Stadtpolitik und Vertreter wissenschaftlicher Einrichtungen.

Die Johann-Wolfgang-Goethe-Universität Frankfurt hat die Rechtsform einer Stiftungsuniversität. Damit soll wohl an die Tradition der 1914 mit privaten Mitteln Frankfurter Bürger gegründeten ersten deutschen Stiftungshochschule angeknüpft werden. **Nach meiner Meinung handelt es sich bei der Umwandlung der Landesuniversität in eine Stiftungsuniversität um eine »funktionelle Privatisierung« einer überwiegend nach wie vor staatlich finanzierten Hochschule.**

Die herkömmliche Autonomie der Hochschule gegenüber dem Staat sollte dafür sorgen, dass die Gesellschaft sich frei von staatlichen oder politischen Interessen selbst zum Gegenstand ihres kritischen Denkens macht. Hochschulen sollten, wie Parsons das ausdrückte, als »*Treuhänder der Gesellschaft*« fungieren. Und um das leisten zu können, sollten sie von den gesellschaftlichen Verhältnissen und Interessen, die sie ja gerade aufklären sollen, unabhängig sein. Das ist der eigentliche Sinn der Hochschulautonomie.

Die unternehmerische Hochschule mit ihrer Aufsichtsratsstruktur widerspricht den »professionskulturellen« Bedingungen einer freien und innovativen Wissenschaft. Die wettbewerbsgesteuerte Hochschule ist wissenschaftlicher Kreativität nicht förderlich, sondern konterkariert eher das vorgegebene Ziel wissenschaftlicher Qualität und läuft Gefahr, wissenschaftliche Innovation zu erschweren.

Das ist nicht nur meine persönliche Meinung, sondern das Ergebnis einer Studie mit dem Titel »*Das Dilemma der unternehmerischen Universität*« von Klaus Dörre und Matthias Neis an der Friedrich-Schiller-Uni in Jena.

Die Studie kommt zu dem Ergebnis:

»*Einseitig an messbaren Effizienz- und Wettbewerbskriterien ausgerichtete Steuerungssysteme, wie sie den Leitbildern der unternehmerischen Universität und eines academic capitalism entsprechen, laufen Gefahr, das Gegenteil von dem zu produzieren, was sie eigentlich beabsichtigen. Sie können Innovationen erschweren, ja geradezu blockieren.*«

Denn Innovationen entstünden innerhalb der Universität als Ergebnis weitgehend ungeplanter Prozesse in Nischen, die sich einer direkten Kontrolle entzögen. Sie beruhten auf kollektivem Lernen, setzten Vertrauen und gegenseitige Anerkennung voraus. »*Das Regime von McKinsey und Co.*« beeinträchtige geradezu die Funktionsfähigkeit der »*Herzkammer des Kapitalismus*«, nämlich sein Innovationssystem.

Lassen Sie mich am Schluss noch auf eine Tatsache hinweisen, die in der Debatte um die wettbewerbsgesteuerte Hochschule übersehen oder vernachlässigt wird:

In der unternehmerischen Hochschule hat die Lehre gegenüber der Forschung an Boden verloren.

Um mehr Drittmittel einzuwerben, werden z.B. bei Berufungs- und Bleibeverhandlungen immer häufiger deutliche Reduzierungen bei den Lehrdeputaten gewährt. Die erkennbare Gefährdung der Gleichrangigkeit der Lehre hat inzwischen sogar den *Stifterverband für die Deutsche Wissenschaft* und die Kultusministerkonferenz veranlasst, den Wettbewerb »*Exzellente Lehre*« auszuloben. Die Dotierung mit gerade einmal zehn Millionen Euro hat allerdings bestenfalls symbolische Bedeutung gemessen an der Drittmittelabhängigkeit der Universitäten.

Akademischer Kapitalismus – Rektoren lassen sich von den Hochschulräten Managergehälter genehmigen

17. Februar 2014 / Rubrik: Hochschulen & Wissenschaft / von Karl-Heinz Heinemann

»*Selbstredend ist ein Mehr an Bürokratie auch immer mit einem Mehr an Kosten verbunden.*« So warnen die nordrhein-westfälischen Hochschulrektoren vor dem Entwurf des Hochschulzukunftsgesetzes der nordrhein-westfälischen Landesregierung. Das ist für sie so »*selbstredend*«, dass diese Behauptung auch nicht mehr irgendwie belegt werden muss. Von diesem Bürokratieabbau haben sie kräftig profitiert, im Wortsinn. Uns liegen jetzt konkrete Zahlen vor, wie viel Mehr an Kosten das vermeintliche Weniger an Bürokratie dank »*Hochschulfreiheitsgesetz*« zumindest an einem Punkt verursacht hat – bei den Gehältern der Präsidenten, Rektoren und Kanzler der nordrhein-westfälischen Hochschulen.

Der Rektor der RWTH Aachen, Ernst Schmachtenberg, hat sein Gehalt in acht Jahren um fast drei Viertel steigern können: Bis 2004 wurde er nach der Gehaltsgruppe B6 für Spitzenbeamte bezahlt: 88 640 Euro. 2012 bekam er insgesamt 152 528 Euro – davon waren 53 512 Euro frei mit dem Hochschulrat ausgehandelt. Damit hat er sich von der Gehaltsgruppe B6 in eine Dimension staatlicher Gehaltsstufen katapultiert, die bis zum Staatssekretär (B 10) und Oberbürgermeister einer Millionenstadt (B 11) reichen.

Dagegen musste sich der Bielefelder Rektor – als der Geringverdiener unter den Uni-Chefs – mit 116 752 Euro begnügen. Sein Hochschulrat gestand ihm nur 23 001 Euro Gehaltsaufbesserung zu. Bei den meisten anderen Uni-Chefs pendelte sich das Gehalt zwischen 130 000 und 137 000 Euro ein.

Ähnlich sieht es bei den Kanzlern aus: Hier kommt der Kölner Hochschulverwalter Michael Stückradt 2012 auf 133 781 Euro, davon waren immerhin 48 075 Euro frei ausgehandelt. **Als Staatssekretär unter dem FDP-Minister Pinkwart war er an dem Gesetz maßgeblich beteiligt** und wird nun mit einem Gehalt belohnt, das mit dem eines Staatssekretärs (Gehaltsgruppe B 10) mithalten kann. Bis 2004 war der Kölner Kanzler in der Gehaltsgruppe B4, das waren 78 876 Euro, also eine Steigerung um gut 70 Prozent.

Die Leitungen der Fachhochschulen verdienen »selbstredend« weniger. Nur der Kölner Fachhochschulleiter kommt an seine Amtskollegen von der Uni heran: 127 320 Euro. Sonst oszillieren die Einkünfte der Fachhochschulleiter um die 100 000 Euro.

In den Hochschulräten haben Unternehmensvertreter das Sagen. Für die sind Gehälter in dieser Dimension nichts Besonderes. Dank Peer Steinbrück wissen wir, dass man selbst als Chef einer Kreissparkasse mehr verdienen kann. Gegenüber dem, was er »*in der Wirtschaft*« verdient habe, sei das eine Gehaltseinbuße, meint der Aachener Rektor Ernst Schmachtenberg. Auch bei der Berufung mancher Professoren müsse man ja noch ordentlich Geld auf die W-Besoldung drauflegen. Seine Professorenkollegen in Aachen hätten schließlich die Möglichkeit, ihr kärgliches Uni-Salär mit lukrativen Aufträgen aus der Wirtschaft weit über das anzuheben, was er nun bekomme. Ihm als Rektor bleibe ja nicht die Zeit, sich aushäusig noch ein Zubrot zu verdienen.

In der unternehmerischen Hochschule des Pinkwartschen Hochschulfreiheitsgesetzes orientieren sich die Hochschulleitungen an den Gebräuchen in den Unternehmen und nicht an staatlichen Gehaltstabellen. Hunderte von MitarbeiterInnen, ein mehrstelliger Millionenumsatz, das ist die Dimension, in der ein Hochschulleitungsjob heute gesehen wird, und nicht mehr als die Leitung einer mit öffentlichen Mitteln finanzierten Wissenschaftseinrichtung.

Die Gehaltsliste, die uns in die Finger geriet, ist, wie gesagt, geheim. Denn die Zulagen werden zwischen dem Hochschulratsvorsitzenden und dem Rektor unter vier Augen ausgehandelt.

Nein, da fürchte er die Transparenz nicht, meint Aachens Spitzenverdiener Ernst Schmachtenberg. Sicher, für die unternehmerische Hochschule sind diese Gehälter noch »Peanuts«. Damit wird man niemandem aus einem Vorstandssessel locken können. Aber will man diesen Weg in die unternehmerische Hochschule wirklich weiter gehen?

Warum soll ein Uni-Präsident nicht 150000 Euro Jahreseinkommen haben?

21. Februar 2014 / Rubrik: Aktuelles. Bildung allgemein / von Wolfgang Lieb

Diese Frage wurde mir seit der Veröffentlichung der Jahreseinkommen der NRW-Rektoren auf den *NachDenkSeiten* von vielen Journalisten gestellt. Warum soll ein/e Hochschulpräsident/in nicht so viel bekommen wie der durchschnittliche Manager eines mittleren Unternehmens (also etwa zwischen 350000 bis 600000 Euro) oder wie ein nordrhein-westfälischer Sparkassendirektor (zwischen 190000 bis 750000 Euro im Jahr)?

Schon die Frage, warum ein/e Hochschulpräsident/in nicht ein ähnlich hohes Einkommen wie ein Manager oder ein Zahnarzt haben soll, zeigt, dass die Hochschulen inzwischen nach einer weitverbreiteten Meinung in höheren Kreisen nicht mehr als öffentliche, steuerfinanzierte Einrichtungen wahrgenommen werden. Das Leitbild der unternehmerischen Hochschule hat auch auf die Gehaltsvorstellungen der Hochschulleitungen und auf das mediale Umfeld durchgeschlagen. Vor lauter »Entfesselung« vom Staat und vor lauter Wettbewerbssteuerung wird in manchen Kreisen gar nicht mehr wahrgenommen, dass die Hochschulen je nach Ausrichtung zwischen 60 und 90 Prozent aus Steuergeldern finanziert werden. Selbst wenn der Drittmittelanteil am Gesamtbudget der Hochschulen inzwischen auf über ein Viertel (teilweise sogar schon auf über 40 Prozent) angewachsen ist, so ist nach wie vor zu berücksichtigen, dass auch der überwiegende Teil der Drittmittel aus öffentlichen Geldern (von der DFG oder anderen nationalen oder europäischen Forschungsförderprogrammen) stammt. Die privaten Zuflüsse (Spenden, geschäftliche Betätigungen) an die Hochschulen liegen im einstelligen Prozentbereich und die Forschungsdrittmittel der gewerblichen Wirtschaft gerade bei einem Fünftel der Forschungsdrittmittel (20,7 Prozent).

Und in steuerfinanzierten Institutionen gibt es eben keine geheim und frei ausgehandelten Bezüge von leitenden Mitarbeiterinnen und Mitarbeitern.

Auch wenn sich mancher Hochschulpräsident seit der Einführung der »unternehmerischen Hochschule« durch das Hochschulfreiheitsgesetz des FDP-Innovationsministers Pinkwart noch so sehr als »genialischer Unternehmensführer« verstehen mag, so ändert das nichts an der Tatsache, dass sein »Unternehmen« Hochschule aus öffentlichen Mitteln grundfinanziert wird und eingeworbene Drittmittel allenfalls – und in bedenklicher Weise – den Betrieb steuern, aber kaum eine müde Mark an »Gewinn« abwerfen, aus dem das Management sich bedienen könnte.

Der Verweis auf den Sparkassendirektor trifft eben nicht zu. Die Sparkasse hat zwar eine öffentlich-rechtliche Struktur, aber sie wird nicht über Steuergelder finanziert. (Jedenfalls war das bis zur Finanzkrise so.) Auch der Vergleich mit dem Zahnarzt hinkt. Der Arzt kann sich zwar bei seinem Einkommen auf die Verträge mit öffentlichen und privaten Krankenkassen stützen, aber immerhin trägt er ein unternehmerisches Risiko und sein Einkommen ist jedenfalls zu einem guten Teil von seiner Tüchtigkeit abhängig.

Was gibt es derzeit für eine öffentliche Debatte darüber, dass sich die Bundestagsabgeordneten ihre Diäten auf das Niveau von Bundesrichtern anheben!

Ist eine Diskussion über die Gehälter von Hochschulpräsidenten »skandalös« oder gar ein »Rechtsbruch« – nur, weil sich die

Rektoren als »Manager« fühlen und sich ihre Bezüge selbst ausgehandelt haben und diese gerne geheim halten möchten? Selbst Manager der privaten Wirtschaft fühlen sich inzwischen zur Transparenz über ihre Gehälter verpflichtet.

5 Rücke vor bis zur Schlossallee ...
Die Ökonomie bleibt neoliberal

Verquere Politik und vergeudete Ressourcen durch falsches Denken: Politik und Medien folgen immer noch dem Diktat des neoliberalen Mainstreams, auch wenn sich längst herausgestellt hat, dass dessen Rezepte wirkungslos sind. Aber vielleicht höhlt der stete Tropfen der *NDS*-Aufklärung doch den Stein.

FAZ-Ökonomenranking – ein Armutszeugnis für die Massenmedien

11. September 2013 / Rubrik: FAZ / von Jens Berger

Nun haben wir schwarz auf weiß, was wir eigentlich schon immer wussten. In den deutschen Medien kommen nahezu ausschließlich neoliberale Ökonomen zu Wort, wobei ein beängstigend großer Teil von ihnen direkt in Diensten der Finanzinstitute steht. So kann – und muss – man ein Teilergebnis des in der letzten Woche veröffentlichten *FAZ*-Ökonomenrankings interpretieren. Wenig überraschend ist auch, dass Hans-Werner Sinn, das Enfant terrible der Talkshow-Ökonomen, sowohl für die Medien auch als auch für die Politik der einflussreichste Ökonom des Landes ist.

Rankings sind, das ist bekannt, nicht nur bei den klassischen Medien, sondern auch bei wirtschaftsliberalen Lobbyorganisationen sehr beliebt. Egal ob es um Standortfaktoren, das Bildungs-system oder die Steuergesetzgebung geht – Rankings liefern stets eine klare Reihenfolge, mit der komplexe Zusammenhänge ab-strahiert werden. Und da die Faktoren und Gewichtungen, mit denen diese Reihenfolge aufgestellt wird, dem Betrachter meist unbekannt ist, eignen sich Rankings auch ganz hervorragend zur Meinungsmache. Wer nur lange genug an den Faktoren und Ge-wichtungen herumdreht, bekommt stets genau das Ranking, das er sich wünscht.

Nach diesem Prinzip wurde auch das *FAZ*-Ökonomenranking aufgestellt, bei dem vor allem in der Kategorie »*Forschung*« ein kaum zu durchschauender Schlüssel angelegt wurde. Da dieses Teilergebnis massiv in das Endergebnis eingeht, macht es auch keinen Sinn, sich ernsthaft mit diesem Ranking auseinanderzu-setzen. Interessanter und transparenter sind hingegen die beiden Teildisziplinen »*Medien*« und »*Politik*«.

Medien-Ranking – nun haben wir es schwarz auf weiß

Für das Medien-Ranking hat die *FAZ* das Institut *Media Tenor* beauftragt, die einschlägigen Zeitschriften (u.a. *Spiegel, Capi-tal*), Zeitungen (u.a. *FAZ, SZ*), Fernsehsendungen (u.a. *Tages-schau, heute*) und die Radionachrichten des *Deutschlandfunks* auszuwerten. Betrachtet wurden die letzten zwölf Monate und in die Wertung flossen nur »*fachliche Einschätzungen*« mit ei-nem Umfang von mehr als fünf Zeilen ein. Das Ergebnis über-rascht nicht:

Unter den Top 10 findet man altbekannte Namen wieder, die (nicht nur) regelmäßigen NachDenkSeiten-Lesern sicher ein Be-griff sind. Hans-Werner Sinn, Michael Hüther und Wolfgang Franz beherrschen beispielsweise schon seit Jahren den medialen Ökonomenstammtisch mit ihrem ewigen Gerede von den zu ho-hen Lohnkosten in Deutschland. Da spielt es offenbar auch keine Rolle, dass ein Mann wie Hans-Werner Sinn zwar für die *Bild-*

Deutschlands einflussreichste Ökonomen - Resonanz in den Medien

Rang	Name	Organisation	Zitate
1	Hans-Werner Sinn	Ifo Institut	165
2	Jörg Krämer	Commerzbank	160
3	Michael Hüther	IW Köln	104
4	Clemens Fuest	ZEW Mannheim	79
	Thomas Mayer	Deutsche Bank	79
6	Ferdinand Dudenhöffer	Uni Duisburg-Essen	67
7	Carsten Brzeski	ING-Diba	58
8	Marcel Fratzscher	DIW Berlin	55
9	Kai Carstensen	Ifo Institut	44
10	Ulrich Kater	Deka-Bank	39

Zeitung »*Deutschlands klügster Professor*« sein mag, international jedoch bestenfalls belächelt wird.

Unter den 45 Ökonomen, deren Statements in den Massenmedien im letzten Jahr am häufigsten zitiert wurden, befinden sich mit Gustav Horn (Platz 13), Peter Bofinger (Platz 24) und Rudolf Hickel (Platz 32) gerade einmal drei Vertreter der nachfragetheoretischen Seite. Zusammengenommen kommen sie auf 79 von 1674 erfassten Zitaten. Oder um es anders zu sagen: Im letzten Jahr kamen nur 4,7 Prozent der Expertenaussagen in den Massenmedien von Ökonomen, die nicht dem neoklassischen und neoliberalen Mainstream angehören. Es ist schon erstaunlich und überaus ärgerlich, dass hier der durchaus vorhandene Meinungspluralismus in den Massenmedien überhaupt nicht wahrgenommen wird. Stattdessen gilt die einfache Formel »Ökonomie = Neoklassik und Neoliberalismus«. Muss man sich dann noch wundern, dass auch die FDP als wirtschaftskompetente Partei dargestellt wird?

Die verantwortlichen Redakteure haben ganz offensichtlich Scheuklappen und nehmen noch nicht einmal wahr, was abseits des deutschen Mainstreams gedacht und gesagt wird. In diesem Punkt könnten die deutschen Medien viel von ihren Kollegen in

Großbritannien und den USA lernen. Vergleicht man einmal den Wirtschaftsteil der *FAZ* mit dem der *New York Times*, der *Washington Post*, dem *Guardian* oder dem *Telegraph*, wirkt die *FAZ* schon fast wie ein Kampfblatt, in dem nur Personen zu Wort kommen, die das »richtige« Weltbild haben. Selbst das wirtschaftsliberale *Wall Street Journal* lässt da bedeutend mehr Vielfalt zu. Und auch in unseren deutschsprachigen Nachbarländern Österreich und der Schweiz ist die Berichterstattung zu ökonomischen Themen wesentlich vielfältiger. Auch hier sind die Medien jedoch nur ein Spiegel der Gesellschaft. Während der Disput in den USA eine lange Tradition hat, haben die Vertreter der nachfrageorientierten, keynesianischen oder heterodoxen Ökonomie es im »arbeitgeberfreundlichen« Deutschland traditionell schwer. Massenmedien, die die Welt ausschließlich durch die neoliberale Brille betrachten, verstetigen diese Schieflage noch mehr.

Die Banken sind auch im Kampf um die Deutungshoheit ganz vorne mit dabei

Ferner ist es bemerkenswert, dass 19 der 45 medial präsentesten Ökonomen direkt bei Finanzinstituten angestellt sind. Die so genannten »Chefvolkswirte« der Banken und Versicherungen stehen für 678 der 1674 protokollierten Zitate in den Massenmedien, also für mehr als 40 Prozent. Dabei gilt natürlich auch hier der alte Spruch »Wes' Brot ich ess, des' Lied ich sing«. Es darf niemanden wundern, dass Angestellte einer Bank zuallererst die Interessen ihres Brötchengebers vertreten. Es wäre auch sehr erstaunlich, wenn beispielsweise ein Jörg Krämer von der Commerzbank, der im Medien-Ranking der *FAZ* Platz Nummer zwei belegt, ernsthaft vorschlagen würde, die Gläubiger der Banken an deren »Rettungskosten« zu beteiligen oder eine wirksame Bankenregulierung durchzusetzen.

Auch bei tagesaktuellen Themen sind Angestellte von Banken die denkbar schlechtesten Zitatlieferanten für die Medien. Wer weiß denn schon, welche Positionen der Brötchengeber dieser »Ökonomen« im Moment an den internationalen Finanzmärkten hält? So manches negative Zitat zur Zukunft des Euro dürfte auch darin begründet sein, dass die betreffende Bank gerade eben am Derivatemarkt mit hohem Einsatz gegen den Euro wettet – und umgekehrt. Offensichtlich werden diese Zusammenhänge, wenn man sich beispielsweise einmal die Zitate von Thorsten Polleit (Platz 19) zu Gemüte führt. Polleits Arbeitgeber ist Deutschlands größter Goldhändler, der fürstlich daran verdient, wenn Kleinsparer Angst vor der Zukunft des Euro haben und sich Goldbarren ins Depot legen. Wen kann es da ernsthaft wundern, dass Polleit bei jeder Gelegenheit den Untergang des Abendlandes beschwört und vor der »ganz sicher kommenden« Hyperinflation warnt?

Eigentlich haben Personen wie Polleit in seriösen Medien überhaupt nichts verloren. Da könnte man auch einen Vertreter der chinesischen Wettmafia als Fußballexperten interviewen.

Bevor der Chefvolkswirt eines Finanzinstituts irgendetwas zu einem Thema sagen darf, müsste dem Leser/Zuschauer/Hörer eigentlich transparent dargelegt werden, welche geschäftlichen Interessen das betreffende Institut verfolgt. Da dies wohl nicht möglich ist, sollten die Medien eigentlich so konsequent sein, interessengesteuerte Sprachrohre überhaupt nicht zu zitieren. Das *FAZ*-Ranking belegt schwarz auf weiß, dass das exakte Gegenteil die Regel ist.

Über den Schwachsinn staatlicher Pensionsfonds – Millionenverluste durch die Finanzkrise

12. Dezember 2013 / Rubrik: Das kritische Tagebuch / von Wolfgang Lieb

Wie bei der gesetzlichen Rente gilt auch für die Altersversorgung von Beamten die Kapitaldeckung als Heilsbringer aus der angeblichen »Demografie-Falle«. Die hartnäckige Recherche des *Kölner Stadt-An-*

zeigers brachte nun einen dreistelligen Millionenverlust bei der Versorgungsrücklage zur Sicherung der Beamtenpensionen in Nordrhein-Westfalen ans Licht. Wie schon bei den privaten Lebensversicherungen oder der Riester-Rente wurde auch bei der staatlichen kapitalgedeckten Altersvorsorge die Rechnung ohne den Wirt gemacht. Es wäre interessant zu erfahren, welche Verluste der Bund und die Länder mit ihren Pensionsfonds durch die Finanzkrise insgesamt erlitten haben. Wer für den Schwachsinn staatlicher Pensionsfonds bluten muss, ist allerdings jetzt schon sicher.

Seit Jahren werden Horrorgemälde über die zukünftigen Belastungen der öffentlichen Hand durch Versorgungsleistungen an Beamte im Ruhestand an die Wand gemalt. So werden etwa die zu erwartenden Kosten für Pensionen und Beihilfen der heute aktiven Beamten und Ruheständler allein bei Bund, Post und Bahn auf 465,4 Milliarden Euro hochgerechnet – gerade so, als würden die Wirtschaft und damit die Steuereinnahmen in den kommenden Jahrzehnten nicht mehr wachsen.

Wie bei der umlagefinanzierten gesetzlichen Rente redet man auch bei der Beamtenversorgung von einer »Demografie-Falle«. Dieser Falle könne man nur entgehen, meint unter anderem der Versicherungslobbyist Raffelhüschen, wenn man entweder das Versorgungsniveau drastisch senkt oder aber indem Versorgungsrücklagen angelegt werden. Mit solchen Versorgungsfonds soll auch die Altersversorgung von Beamten vom bisherigen Umlageverfahren – d.h. der Finanzierung aus dem laufenden Haushalt – auf eine Kapitaldeckung umgestellt werden.

Sowohl der Bund als auch alle Länder haben in den letzten Jahren solche Pensionsfonds per Gesetz eingeführt. Teilweise finanziert werden solche Versorgungsrücklagen in der Regel durch eine jährliche Absenkung des Besoldungs- und Versorgungsniveaus der Beamten und Pensionäre. Darüber hinaus werden etwa die ruhegehaltsfähigen Dienstbezüge prozentual verringert oder die Höchstgrenze der Beamtenbezüge und die Höhe der Witwenversorgung abgesenkt.

Heiner Flassbeck hat schon 2008 anlässlich der Einrichtung eines bayerischen Staatsfonds geurteilt, dass damit der »*Unverstand fröhliche Urständ*« feiern würde. Der Staat müsse schon heute (schuldenfinanziert) mehr Geld als sonst ausgegeben, um einen solchen Pensionsfonds aufzubauen. Wenn man das über längere Zeit mache, seien zwar vielleicht in ferner Zukunft die Pensionslasten des Staates geringer als heute. Der kleine Haken an der Geschichte sei allerdings, dass auch die Staatsverschuldung in Zukunft um den Betrag höher sei, um den der Staat in den Pensionsfonds einbezahlt habe. Der Staat habe also nur Geld aus der rechten Tasche genommen und in die linke geschoben und das Ganze noch als Zukunftsvorsorge verkauft. Über dieses bloße »*Karussellgeschäft*« hinaus, entstehe aber – so Flassbeck weiter – gesamtwirtschaftlich betrachtet noch ein zusätzlicher Schaden. Durch das Ansparen von Versorgungsrücklagen, könne der Staat bei den laufenden Ausgaben – also bei öffentlichen Investitionen oder bei den Konsumausgaben – weniger ausgeben. Der Staat könne dementsprechend weniger in die Zukunft investieren oder wenigstens durch eine höhere Besoldung seiner Staatsdiener die Kaufkraft im Inland steigern. Beides schwäche fortlaufend das jährliche Wirtschaftswachstum.

Nun könnte man vielleicht immer noch argumentieren, es handle sich bei den Versorgungsrücklagen um ein Null-Summen-Spiel: Wenigstens spare der Staat das Geld an, dass er künftig für die Versorgungsleistungen ausgeben müsste. Doch selbst das ist, wie jetzt eine Enthüllung in Nordrhein-Westfalen zeigt, eine Rechnung, die ohne den Wirt gemacht wurde.

Wie der *Kölner Stadt-Anzeiger* berichtete, hat das Land 2004 und 2005 für die Versorgungsrücklage zur Sicherung der Beamtenpensionen griechische Anleihen mit einem Nennwert von 332 Millionen Euro gekauft. Davon seien im Oktober 2012 aber nur 164 Millionen Euro zurückgeflossen. Mehr als die Hälfte, nämlich 168 Millionen Euro, seien verloren. Der größere Teil dieser Papiere mit einem Nennwert von 220 Millionen Euro war unter anderem von dem Schuldenschnitt für griechische Staatsanleihen betroffen. Das Land konnte für diese Papiere nur noch einen Verkaufspreis von 52 Millionen Euro erzielen.

Es wäre spannend zu erfahren, welche Verluste der Bund und die Länder mit ihren Pensionsfonds im Verlauf der Finanzkrise insgesamt erlitten haben. Vielleicht könnten ja die Fraktionen im Bundestag und in den Länderparlamenten entsprechende Anfragen an die Regierungen stellen.

Frühjahrsprognose der Konjunkturforschungsinstitute: Die übliche Verteidigung der herrschenden Lehre

11. April 2014 / Rubrik: Aktuelles, Das kritische Tagebuch / von Wolfgang Lieb

»*Prognosen sind schwierig, besonders wenn sie die Zukunft betreffen.*« Dieser Satz wird dem Physiker Niels Bohr zugeschrieben und er trifft besonders auf die Konjunkturprognosen der Wirtschaftswissenschaftler zu.

1,9 Prozent Wachstum des BIP für dieses und zwischen 1,2 bis 2,6 Prozent für das nächste Jahr, sagt die *Projektgruppe Gemeinschaftsdiagnosen* unter Federführung von *DIW, ifo-Institut, RWI* und *IWH* voraus. 1,6 Prozent für 2014 und 2,5 Prozent für 2015 hingegen das *IMK*.

Die Gemeinschaftsprognose liefert seit Jahren nichts mehr als teuer bezahlte Falschmeldungen und diese Falschmeldungen werden jetzt auch noch von einem sozialdemokratischen Wirtschaftsminister vergütet.

Man könnte einfach auf das Konjunkturprognose-Ranking des *Handelsblatts* verweisen und das Gemeinschaftsgutachten ungelesen abheften. Denn unter den 25 auf ihre Treffsicherheit getesteten Prognosen haben mit Platz 23 die Gutachten der *Projektgruppe Gemeinschaftsdiagnosen* am schlechtesten abgeschnitten. Das *IMK* belegte immerhin Platz 7. An der Realität gingen allerdings beide vorbei.

Der einzige sachliche Wert solcher umfänglichen regierungsamtlichen Auftragsgutachten ist, dass die Vielzahl der dort aufgeführten Daten, Grafiken und Literaturstellen fortgeschrieben und auf den jeweils neuesten Stand gebracht wird. Das einzig Gute ist dabei, dass für eine Vielzahl junger Ökonomen Arbeitsplätze gesichert werden.

Seit Jahren ist es im April die gleiche Litanei: Senkung der Staatsausgaben, Verbesserung der Angebotsbedingungen für Unternehmen, niedrigere Steuern, niedrigere Löhne, bloß keine Verbesserungen bei den Sozialleistungen, sondern eher weiteren Sozialabbau.

Besondere Reizobjekte waren für die Mehrheit der Institute in diesem Jahr natürlich die abschlagsfreie Rente mit 63 und die geplante Einführung eines Mindestlohns.

Zitat aus der gestrigen Pressefassung der *Gemeinschaftsdiagnose 2014*:

»Vom Außenhandel sind per saldo keine positiven Impulse zu erwarten, aber die Zunahme der Binnennachfrage bleibt kräftig. Sie wird jedoch durch die für den 1. Januar 2015 vorgesehene Einführung des flächendeckenden Mindestlohns in Höhe von 8,50 Euro brutto je Stunde beeinträchtigt. Die wirtschaftlichen Konsequenzen dieser Maßnahme sind außerordentlich schwer abzuschätzen, auch weil es einen solchen staatlichen Eingriff in den Arbeitsmarkt in Deutschland bislang nicht gegeben hat. Ein Rückgriff auf die Erfahrungen anderer Länder hilft wenig weiter, da der institutionelle Rahmen kaum vergleichbar ist. So ist ein großer Teil der Betroffenen in Minijobs beschäftigt, eine Beschäftigungsform, die es in anderen Ländern nicht gibt. Hinzu kommt, dass der Mindestlohn in Deutschland wohl für einen deutlich größeren Anteil der Beschäftigten gelten wird als es in den meisten anderen Ländern bei der Einführung eines Mindestlohns der Fall war. Um die Folgen des Mindestlohns für den Arbeitsmarkt und die konjunkturelle Entwicklung zu quantifizieren, muss daher auf zahlreiche Setzungen und Annahmen zurückgegriffen werden.

Die Institute schätzen, dass im Jahr 2015 unter Berücksichtigung von Ausnahmen und Übergangsregelungen etwa vier Millionen Arbeitnehmer von der Regelung betroffen sein werden und im Jahr 2015 zunächst rund 200 000 Stellen verlorengehen. Das gesamtwirtschaftliche Arbeitsvolumen dürfte dadurch um 0,3 Prozent sinken. Der Verlust beim Bruttoinlandsprodukt wird allerdings wohl nur 0,1 Prozent betragen, weil vor allem Arbeitsplätze mit vergleichsweise niedriger Produktivität wegfallen.«

Es gab gestern den ganzen Tag über keine Nachrichten- oder Magazinsendung, in der diese Botschaften nicht kritiklos nachgeplappert worden sind.

Da wird also für das künftige Wachstum auf die Binnennachfrage gesetzt und gleichzeitig eine Lohnerhöhung durch Mindestlöhne, die für mehr Nachfragen sorgen könnte, als wachstumshemmend verdammt. Woher sollte aber die »*kräftige*« Binnennachfrage kommen?

Da wird so nebenbei eingestanden, dass es in Deutschland mehr Minijobs und vor allem auch mehr Beschäftigte gibt als in anderen Ländern, die von einem Mindestlohn profitieren würden. Und dann wird einfach so in die Welt gesetzt, dass durch den Mindestlohn 200 000 Stellen verloren gehen und das Arbeitsvolumen sinken dürfte.

Über die abweichende Meinung des *DIW* und des *WIFO* (aus Österreich) zum Mindestlohn und über die am gleichen Tag veröffentlichte völlig andere Bewertung der Rentenpolitik und des Mindestlohns durch das Gutachten des *IMK* wurde in der veröffentlichten Meinung kaum berichtet.

Was der Arbeitsmarktforscher Gerhard Bosch im *Handelsblatt* dem Sachverständigenrat vorgeworfen hat, dürfte auch auf für die Mehrheit der Konjunkturforschungsinstitute gelten: Hier wird der Stand der Forschung nicht angemessen und nach den herrschenden Normen gewürdigt und damit gegen den Ethikkodex verstoßen, den der *Verein für Socialpolitik* 2012 aufgestellt hat, um den lädierten Ruf der Volkswirtschaftslehre nach der Finanzkrise wiederherzustellen.

Das Ärgerliche ist, dass der Steuerzahler durch einen Dienstleistungsauftrag des sozialdemokratisch geführten Wirtschaftsministeriums die Gemeinschaftsprognose teuer bezahlt. Noch schlimmer ist aber, dass die »Ratschläge« dieser Projektgruppe durch ihren offiziellen Auftrag eine besondere Aufmerksamkeit genießen, so dass sie einen weitaus höheren Nachrichtenwert erhalten als Dutzende von Studien, die von dem von der Mehrheit der Institute vertretenen neoliberalen Mainstream abweichen und sich ihm entgegenstellen.

Gedanken zur aktuellen Debatte um die Zins- und Geldpolitik der EZB

6. Juni 2014 / Rubrik: Aktuelles, Wirtschaftspolitik, Konjunktur, etc. / von Albrecht Müller

Es wird uns ja einiges zugemutet in der aktuellen Debatte um die Zins- und Geldpolitik, und damit zugleich um die weitere und notwendige Wirtschaftspolitik in Europa. Ich formuliere dazu einige Gedanken, die als Anstöße zum Weiterdenken und Hinterfragen gedacht sind. Dabei muss auch einiges eher Grundlegende zum Funktionieren eines Kapitalmarktes gesagt werden.

Beschlüsse der Europäischen Zentralbank: Die EZB hat gestern beschlossen, den Leitzins auf 0,15 Prozent zu senken, den Banken große Liquiditätsspritzen in Aussicht zu stellen, Banken, die überschüssiges Geld bei der Zentralbank parken, mit einem negativen Zins zu 0,1 Prozent zu belegen.

Typische Reaktionen darauf: Das sei eine Enteignung der Sparer, so die deutschen Sparkassen- und Volksbanken-Verbände. Der Präsident des Sparkassen- und Giroverbandes bezweifelt, dass die EZB mit ihrer Zinspolitik die Konjunktur in den krisengeschüttelten Ländern Südeuropas ankurbeln wird. Der französische Präsident Hollande begrüßte die Zinssenkung, die Beschlüsse würden das Wachstum ankurbeln. Der stellvertretende

Vorsitzende der CDU-Bundestagsfraktion Fuchs sieht erhebliche Risiken, da der Druck der Märkte zu Reformen und Einsparungen gerade in den Euro-Krisenländern schwinde. *Spiegel Online* verkündet: »*Rendite ohne Risiko gibt's nicht mehr*«. Die Börse in Frankfurt reagierte mit einem Freudenfeuer und dem Sprung des DAX über die Marke von 10 000 Punkten.

Es ist eine Schnapsidee, vornehmlich mit der Geld- und Zinspolitik die Wirtschaftskrise Europas bewältigen zu wollen

Die Europäische Union und an der Spitze die deutsche Bundesregierung zwingen die Regierungen der europäischen Krisenländer (und dies sind fast alle) zu Ausgabenkürzungen. In Deutschland wird das wünschenswerte Steigen der Löhne kurzgehalten. Damit wird die notwendige Angleichung der Wettbewerbsfähigkeiten der Länder der Eurozone verhindert. Dies alles führt dazu, dass Unternehmer in den Krisenländern keine Chance und keinen Zwang sehen, zu investieren. Und die Konsumenten, die Arbeitnehmer, die Arbeitslosen, die Rentner leiden unter den Kürzungen des Staates und der Unternehmen und kaufen nicht.

Wie sollen in dieser Situation eine Zinssenkung und die Zurverfügungstellung von großen Geldmengen helfen, die Konjunktur anzukurbeln? Wenn ein Unternehmen keine Verbesserung seiner Absatzchancen sieht, dann investiert es nicht. Und wenn der Zins für Kredite dank der Senkung der Leitzinsen auf ein niedriges Niveau von vielleicht fünf oder vier Prozent sinkt, dann wird trotzdem nicht investiert. Man kauft nicht eine zusätzliche Maschine, man baut nicht ein zusätzliches Fabrikgebäude, nur weil der Zins niedrig ist. Die Absatzerwartung ist viel wichtiger und genau da hakt es.

Mit der Zinspolitik und der Geldpolitik der Europäischen Zentralbank kann man die notwendigen anderen Maßnahmen, nämlich eine expansive Ausgabenpolitik der öffentlichen Hand und ein großes europäisches Investitions- und Beschäftigungsprogramm, ähnlich dem Marshallplan der Nachkriegszeit, nicht ersetzen und nicht ausgleichen.

Wenn die EZB dann trotzdem so tut, als würde es gehen, dann täuscht sie die Öffentlichkeit.

Der Kapitalmarkt funktioniert nicht. Er ist ein zugunsten der Spekulanten, der Investment-Banken und der Börsen gesteuerter Markt

Dass es jetzt für Spareinlagen gerade noch ein halbes Prozent Zinsen gibt, wenn überhaupt, ist nicht die Folge einer Preisbildung auf der Basis von Angebot und Nachfrage, sondern vor allem eine Folge der Geldmengen- und Zinspolitik der EZB. Sie bestimmt im Wesentlichen das Angebot und den Preis auf diesem Markt und sie hat mit dieser Politik die Funktionsfähigkeit der einfachsten Art der Finanzierung von Investitionen und Konsum diskreditiert und ausgeschaltet. Und sie hat dabei den anderen Formen der Finanzierung breiten Raum verschafft.

Wie müsste und könnte der Kapitalmarkt optimal organisiert sein?

Unterstellen Sie, Sie wären der Planer der gesellschaftlichen und wirtschaftlichen Einrichtungen eines Landes – der Gestalter des Social Engineering. Dann würden Sie sich so genannte Social Techniques ausdenken. Zum Beispiel würden Sie mit hoher Wahrscheinlichkeit die Haftpflichtversicherung für Autos vorschlagen, wahrscheinlich auch eine gesetzliche Krankenkasse und eine Arbeitslosenversicherung usw.

Sie würden dann darüber nachdenken, wie die Absichten und Möglichkeiten der Sparenden auf der einen Seite mit den Absichten und Notwendigkeiten der Investoren und Konsumenten auf der anderen Seite möglichst effizient koordiniert werden könnten. Wenn man nüchtern an diese Aufgabe heranginge, würde man mit hoher Wahrscheinlichkeit das Sparkonto als eine Möglichkeit zum

Sammeln von Sparbeträgen und die Geschäftsbanken als die Instrumente der Transformation dieser Sparbeträge für Kredite erfinden. Und zur Finanzierung möglicher staatlicher Schulden käme man vielleicht auf die Idee, es so zu organisieren, wie es in Deutschland mal organisiert war: dass man bei einer staatlichen Schuldenverwaltung in Bad Homburg ohne großen Aufwand und Kosten Staatsanleihen kaufen kann. Und dann käme man vielleicht noch auf die Idee, eine Aktienbörse zu erfinden. Das wäre ein Teilmarkt für Menschen, die die Entwicklung von Unternehmen einzuschätzen vermögen und deshalb direkt in einzelne Unternehmen investieren könnten. Für die Mehrheit der Menschen gilt nicht, dass sie einzelne Unternehmen einschätzen können.

Für die Mehrheit sind das Sparguthaben und Variationen davon die einfachste Möglichkeit, Geld gegen einen Zins zu sparen und damit den Banken Geld für Kredite zum Investieren in Unternehmen zur Verfügung zu stellen. Volkswirtschaftlich betrachtet ist die bei diesem Verfahren stattfindende Sammlung von Kapital und die über die Kredittransformation stattfindende Vermittlung an Investoren und Konsumenten die effizienteste Art zur Organisation des Kapitalmarktes. Man braucht dazu heute Computer zum Einsammeln und Verwalten der Sparerbeträge und man braucht Fachleute bei den Banken, die die Investitionsmöglichkeiten einigermaßen gut bewerten und beurteilen können.

Diese effiziente Art der Organisation des Kapitalmarktes wird durch eine Geld- und Zinspolitik der herrschenden Art ruiniert. Dieser Teilmarkt geht zurzeit in die Knie. Stattdessen werden die Sparer in Anlageformen gezwungen, die sie nicht überblicken und nicht überblicken können.

Offenbar geht es nicht um die optimale Organisation des Kapitalmarktes, sondern um die Bedienung von Spekulanten

Typisch für die Denkrichtung und Stoßrichtung ist ein Artikel bei *Spiegel Online* vom 5. Juni. Da wird die neue Lage mit der Feststellung umschrieben, »*Rendite ohne Risiko gibt's nicht mehr*«. Damit wird eine Art Zwangsläufigkeit unterstellt, die es nicht gibt. Die Situation ist von der EZB und den Regierungen gemacht. *Spiegel Online* erörtert die verschiedenen Ersatz-Anlagemöglichkeiten: Immobilien, Gold, Kunstwerke oder Oldtimer. Am besten weg kommt die Aktie und abschließend heißt es:

»Generell gilt: Am besten fährt langfristig, wer seine Ersparnisse über mehrere Anlageformen streut. Wer also zum Beispiel eine selbstgenutzte Immobilie mit einem Wertpapierdepot in Form von Aktienfonds und einigen Anleihen von soliden Schuldnern paart.«

Die Niedrigzinspolitik hat so die Konsequenz, dass die kostengünstigste und effizienteste Organisation des Kapitalmarktes ausgeschaltet wird und den Sparern empfohlen wird, sich riskanteren Anlageformen zuzuwenden. Die grundlegende Eigenschaft dieser anderen Formen ist, dass daran von Einzelinteressenten verdient wird, deren Wohl stärker im Blickfeld der EZB steht als das Allgemeinwohl und die effiziente Reorganisation des Kapitalmarktes:

Beim Kauf von Immobilien verdienen die Makler und bei entsprechenden Steigerungen der dortigen Preise die bisherigen Besitzer von Immobilien.

Beim Kauf von Aktien und beim Verkauf verdienen die Banken, die Börsen, die Broker usw., bei steigenden Kursen die bisherigen Aktienbesitzer.

Beim Kauf von Zertifikaten und anderen riskanten Papieren verdienen die verschiedenen Formen der Finanzwirtschaft.

Und überall verdienen jene Wirtschaftszweige mit, die als Werbeträger für die verschiedenen Anlageformen dienen. Schon heute beobachten wir, dass die Fernsehspots und die Anzeigen über einen beachtlichen Anteil von der Finanzwirtschaft geschaltet sind. Deshalb werden wir von unseren Medien über die optimale Operation der Kapitalmärkte auch nicht sachlich, sondern interessenorientiert informiert.

Dass diese Niedrigzinspolitik in dieser Konsequenz von der EZB und ihrem Präsidenten betrieben wird, ist aus seiner Sicht konsequent. Er kommt von der Investmentbank Goldman Sachs. Diese lebt nicht von der einfachsten Form der Organisation des Kapitalmarktes. Sie lebt von der Bereitschaft der Menschen zur Spekulation.

Vergeudung von Ressourcen. Wir haben ein Konversionsproblem

Volkswirtschaftlich betrachtet ist diese Entwicklung als eine massive Vergeudung von Ressourcen zu betrachten. Der Kapitalmarkt verschlingt viel zu viele Mittel. Gut ausgebildete, intelligente junge Leute wurden in den letzten drei Jahrzehnten in Beschäftigungsfelder gelockt, die betriebswirtschaftlich für einzelne Personen und Gruppen lukrativ sind. Volkswirtschaftlich sind die Investmentbanker in der Regel die reine Verschwendung. Der Betrieb eines Casinos kann bei vernünftiger Konzeption der Social Technique »Kapitalmarkt« nicht Teil des Konzeptes sein. Das ist aber so gekommen und die politisch Verantwortlichen von der EU über den Internationalen Währungsfonds bis zur EZB tun offensichtlich nichts, um dieser Vergeudung entgegenzutreten. Im Gegenteil, sie fördern sie.

Der Kapitalmarkt hat ein Konversionsproblem. Viel zu viele Menschen sind durch die Ausbreitung der Spekulation seit den neunziger Jahren in den Sektor Kapitalmarkt geleitet worden. Bankangestellte sind zu Verkäufern von Zertifikaten geschult worden. Banken haben eigene Organisationen für das Investmentbanking gegründet. Sie haben Leute angestellt, die neue Finanzprodukte erfinden. Der Staat hat mit der Privatisierung der Altersvorsorge neue Geschäftsfelder mit entsprechend vielen Beschäftigten eröffnet. Die Börsen werden von den Machern der öffentlichen Meinung – sogar bei den öffentlich-rechtlichen Anstalten – zum quasi Allerheiligsten der Finanzmärkte hochstilisiert.

Gemessen an der Möglichkeit, den Kapitalmarkt einfach zu organisieren, sind das vergeudete Ressourcen. Wenn man überhaupt jemals den Kapitalmarkt wieder effizienter machen will, dann muss man auch das Problem der Überbeschäftigung in diesem Sektor lösen.

Argentinien und die Aasgeier auf den Finanzmärkten und in den Redaktionsstuben

4. August 2014 / Rubrik: Audio-Podcast, Börse, Spekulation, Medienkritik / von Jens Berger

Nachdem ein New Yorker Gericht dem Staat Argentinien in der letzten Woche untersagte, seine Gläubiger zu bedienen, steht Argentinien vor dem technischen Staatsbankrott. Dies geschah alles vor dem Hintergrund, dass einige Hedgefonds das große Geschäft mit argentinischen Ramschanleihen aus der Zeit vor 2001 witterten und den südamerikanischen Staat durch skurrile Gerichtsurteile in die Knie zwingen wollen. Man nennt sie auch Vulture-Fonds, auf Deutsch: Aasgeier-Fonds. Eigentlich sollte dies doch ein Paradebeispiel für die Auswüchse eines zerstörerischen Finanzkapitalismus sein und dementsprechend kommentiert werden. Eigentlich. Ein großer Teil der deutschen Medien schlägt sich jedoch auf die Seite der Aasgeier.

Zunächst einmal kurz zu den Hintergründen. Um was geht es? Argentinien musste 2001 das Scheitern seiner neoliberalen Politik, die maßgeblich vom IWF unterstützt wurde, eingestehen und den Staatsbankrott erklären. Nach langen Verhandlungen konnte man sich 2005 mit 93 Prozent der Gläubiger auf einen Schuldenschnitt einigen. Seitdem stehen zwei verschiedene Altanleihen aus – die »neuen« Anleihen, die den Schuldenschnitt von 70 Prozent akzeptiert haben, und die »alten« Anleihen, also die sieben Prozent, die den Schuldenschnitt nicht akzeptiert haben. Diese alten Anleihen werden nahezu ausschließlich von Hedgefonds gehalten, die sie nach dem Staatsbankrott für 15 bis 20 Prozent des Nennwertes auf den Finanzmärkten gekauft haben. Die neuen Anleihen werden von Argentinien seit 2005 pünktlich bedient. Da die alten Anleihen jedoch nach amerikanischem Recht ausgegeben wurden, klagten die Hedgefonds seit 2005 vor US-Gerichten gegen den Staat Argentinien. Sie fordern eine vollständige Rückzahlung der Anleihen, was ihnen Renditen von 1 600 Prozent und mehr einbringen würde. Argentinien könnte diese Anleihen zwar bedienen, hat jedoch berechtigte Sorgen, dass dies den langwierig ausgehandelten Schuldenschnitt von 2005 obsolet machen würde. Die neuen Anleihen haben nämlich eine sogenannte »RUFO-Klausel« (Rights Upon Future Offers), die besagt, dass die neuen Anleihen nicht schlechter gestellt werden dürfen als die alten. Würde Argentinien die alten Anleihen zum vollen Nennwert bedienen, müsste es auch die neuen Anleihen zum vollen Nennwert vor dem Schuldenschnitt bedienen – dies würde Argentinien 120 Milliarden US-Dollar kosten. Geld, das Argentinien nicht hat.

Nach einer Reihe von Urteilen vor US-Gerichten wurde Argentinien nun untersagt, die neuen Anleihen zu bedienen, da dies nach Auffassung der Richter die Besitzer der alten Anleihen benachteiligen würde. Dadurch kommt es nun – sollte man sich nicht noch nach dem Urteil einigen – zu einem technischen Staatsbankrott. Paradoxerweise kann und will Argentinien die neuen Anleihen zwar bedienen – US-Gerichte untersagen dies jedoch. Währenddessen haben die Hedgefonds bereits die nächste Spekulation gestartet: Nun wetten sie auch auf die neuen Anleihen, da diese nun aller Wahrscheinlichkeit nach neu verhandelt werden müssen. **Wie hoch die Rechnung für Argentinien ausfällt, ist ungewiss. Dass die Hedgefonds ihren Schnitt machen, scheint jedoch unabwendbar.**

Der Fall Argentinien ist ein weiterer dramatischer Beleg dafür, welchen Schaden ein außer Kontrolle geratener Finanzkapitalismus anrichtet. Einige wenige milliardenschwere Spekulanten zwingen ein ganzes Land in die Knie. Zeit, sich über einen weltweit verbindlichen Rechtsrahmen für Staatsanleihen und eine Insolvenzordnung für Staaten Gedanken zu machen, um die aus dem Lot geratenen Kräfteverhältnisse zwischen Staaten und dem Finanzsektor wieder geradezurücken. Doch einige deutsche Journalisten scheinen dies diametral anders zu sehen.

Immer vorne dabei, wenn es darum geht, vermeintlich linken Regierungen die Leviten zu lesen, ist Wolfram Weimer – ehemals *Welt*, ehemals *Focus*, ehemals *Cicero*, nun Kolumnist beim *Handelsblatt*. Für ihn steht fest, dass es nicht die Hedgefonds, sondern die »Sozialisten« waren, die »*Argentinien ruiniert haben*«. Nun sollte Weimer, der in diesem Jahr seinen fünfzigsten Geburtstag feiert, aber doch eigentlich wissen, dass der Staatsbankrott von 2001 eine direkte Folge des Scheiterns der neoliberalen Politik des langjährigen argentinischen Präsidenten Carlos Menem und des IWF war und die »*Sozialisten*« – ohnehin erst seit 2003 an der Macht – durch ihre selbstbewusste Linie bei den Umschuldungsverhandlungen dem Land zumindest noch katastrophalere Folgen aus den neoliberalen Altlasten erspart haben. Aber was zählen schon Fakten, wenn es um Ideologie geht?

Auch in der *Welt* siegt die ideologische Engstirnigkeit über die Realität. Springers Tageszeitung titelt »*Regierung selbst schuld an* ›*Geierfonds*‹-*Misere*« – freilich ohne dies näher zu begründen. Wie so oft passt zwischen Springer und *Spiegel* auch beim Thema Argentinien kein Blatt Papier. Christian Rickens, seines Zeichens Leiter des Wirtschaftsressorts von *Spiegel Online* und fachlich chronisch überfordert, ernennt Argentinien gar zum »*Thomas Middelhoff unter den Staaten*«. Faktenresistent wie eh und je versucht Rickens zu erklären, warum Argentinien kein Opfer, sondern ein Täter ist. So behauptet Rickens beispielsweise, Argentinien habe sich »*jahrelang geweigert, mit seinen privaten Gläubigern auch nur zu verhandeln*«. Das hört sich freilich ziemlich undankbar an – was erlauben sich die Gauchos? Doch diese Formulierung ist hochgradig manipulativ. Richtig ist, dass Argentinien nach jahrelangen Verhandlungen 2005 mit 93 Prozent der Gläubiger einen Schuldenschnitt vereinbart hat und sich seitdem penibel an diesen Kompromiss hält. Mit den Hedgefonds, die sieben

Prozent der Altschulden halten und sich jedem Kompromiss verweigern, hat Argentinien in der Tat längere Zeit nicht mehr verhandelt. Warum auch? Die Fonds lehnen ihrerseits ja jegliches Entgegenkommen ab, fordern gebetsmühlenartig ihre hundert Prozent und führen damit sämtlich international anerkannten Verfahren zur Umschuldung nach Staatspleiten ad absurdum. Für Rickens ist auch die »Befürchtung«, dass eine Bedienung der Forderungen der Hedgefonds Nachforderungen anderer Gläubiger nach sich ziehen könnte, nicht haltbar, da sich dies »umgehen ließe, indem das Geld zunächst bei einem Treuhänder hinterlegt wird«. Diese Idee ist derart absurd, dass man sie noch nicht einmal kommentieren mag. Offenbar hat Herr Rickens noch nie etwas von den RUFO-Klauseln gehört oder weiß nicht, was das ist.

Kaum besser ist die *FAZ*. Hier darf Ingo Pies, das libertäre Enfant terrible unter den deutschen Wirtschaftsethikern, erklären, dass die Hedgefonds im Falle Argentinien der Gesellschaft dienen – und zwar, da sie – so Pies – den armen amerikanische Rentnern, die Argentinien Geld geliehen haben, das Risiko abnehmen. Starker Tobak! Sollte ein Rentner tatsächlich eine mit 15 Prozent verzinste Hochrisikoanleihe eines kurz vor der Pleite stehenden Staates erworben haben, wäre das wohl eher ein Fall für die Finanzaufsicht, die den zuständigen Bankberatern einmal auf die Finger hauen sollte.

Dies sind nur einige, wenige Beispiele dafür, wie die deutschen Medien im konkreten Fall munter Opfer und Täter vertauschen und auf Argentinien eindreschen. Die gleichen Medien waren es übrigens, die beim vergleichsweise harmlosen »Gaucho-Tanz« der deutschen Fußballnationalmannschaft Zeter und Mordio schrien, da sie die »Würde der Argentinier« verletzt sahen.

6 Vorsicht, Freund hört mit!
Der NSA-Skandal und unsere Abhängigkeit von den USA

Da behaupte noch einmal jemand, Deutschland sei ein souveräner Staat! Wie die NSA-Affäre zeigt, sind wir auf dem Weg zu einem Überwachungssystem unter amerikanischer Führung. Und die deutsche Bundesregierung tut so gut wie nichts, um ihre Bürger zu schützen.

Wettrüsten im Cyber-War – Das Lügen-Dilemma um Merkels Handy

28. Oktober 2013 / Rubrik: Das kritische Tagebuch / von Wolfgang Lieb

Nachrüstung, das soll die Antwort auf die Ausspähung anderer Länder, ihrer Bürgerinnen und Bürger, ihrer Politiker und ihrer Wirtschaft durch die NSA sein. Der Verfassungsschutz will das Personal der entsprechenden Abteilung verdoppeln, meldet *Bild*. Statt sich um den Schutz der Daten zu kümmern, soll bei der Überwachung nachgerüstet werden. **Massenhafte Überwachung soll also durch noch mehr Überwachung bekämpft werden.** Das ist die Übertragung der Logik des »Kalten Krieges« auf den Cyber-War. Diesmal aber nicht nur gegen den Osten, sondern auch gegen den amerikanischen »Verbündeten«.

Es sei doch nur normal, dass eine Regierung wissen wolle, was eine andere Regierung denke, so »realistisch« betrachten der Vertreter des Senders *Voice of America* (»Die Stimme Amerikas«) und der *Zeit*-Herausgeber Josef Joffe im *ARD-Presseclub* das Abhören der Telefone der Kanzlerin durch amerikanische Geheimdienste. Die Briten und die Franzosen machten es doch auch. Spionieren gehöre eben zur Aufgabe der Geheimdienste. *»Ich wünsche mir, dass Frau Merkel genau dasselbe tun könnte wie Obama«*, meinte Joffe. Und der andere »Transatlantiker«, der mit in der sonntäglichen Diskussionsrunde saß, der Außenpolitik-Ressortleiter Stefan Kornelius von der *Süddeutschen Zeitung* assistierte: Die Deutschen und die Europäer hätten ja gegenüber den amerikanischen Geheimdiensten *»nichts auf die Waage zu bringen«.*

Auch der *taz*-Chefredakteurin Ines Pohl fiel nicht viel mehr ein, als dass die deutschen Dienste nicht die Kompetenzen hätten, um zu konkurrieren.

Mit einer Politik der Stärke, wie sie in den fünfziger und sechziger Jahren des letzten Jahrhunderts betrieben wurde, soll also der Informationsbeschaffungskrieg gewonnen werden. Mit einer Nachrüstung wie im Kalten Krieg, als Pershing-II-Raketen gegen die sowjetischen SS-20-Raketen gestellt wurden, sollen also die ausländischen Geheimdienste in Schach gehalten werden.

Ein Wort des amerikanischen Präsidenten hätte genügt

An die banale Tatsache, dass es nur eines Wortes des amerikanischen Präsidenten bedurft hätte, um nicht nur die Telefonüberwachung der Kanzlerin zu stoppen, sondern um auch die Ausspähung der übrigen deutschen Bürgerinnen und Bürger zu unterbinden, denkt offenbar niemand mehr. Hat Obama etwa nicht mehr die Befehlsgewalt über seine Geheimdienste?

Wenn er diese Entscheidungsmacht nicht mehr hätte, was wäre aber dann die Zusage seines Sprechers wert, dass das Telefon von Merkel nicht (mehr) überwacht wird und das auch in Zukunft nicht mehr passieren solle?

Dass man ganz einfach die (verdachtslose) Ausspähung anderer Länder unter strenge Strafe stellen könnte, kommt als Überlegung schon gar nicht mehr vor. Sicher könnte man damit nicht kriminelle Übergriffe verhindern, aber Aufklärer wie Edward Snowden könnten nicht mehr als »Verräter« behandelt und bestraft werden, sondern wären willkommene Zeugen in Strafprozessen gegen Ausspäher.

Doch lieber tut man so, als wäre die Entwicklung der Kommunikationstechnologie eine Naturgewalt, der man hilflos ausgeliefert ist. Das Ausspäh- und Datenspeicherungsinteresse von Geheimdiensten und auch von privaten Telekommunikationsmonopolen scheint stärker zu sein als der Schutz von Menschenrechten und sogar stärker als die Bereitschaft zur Verteidigung der Demokratie gegen den totalitären Überwachungsstaat.

Das Lügen-Dilemma um Merkels Handy

Unterhalb der strategischen Überlegungen im Cyber-War geht es aber auch um die politisch höchst brisante Frage: Wer hat hier gelogen? War es Obama oder war es die Kanzlerin oder waren es beide? Laut *Spiegel*, der sich auf Informationen aus dem Kanzleramt beruft, habe Obama im Telefonat mit Merkel erklärt, dass er von einer möglichen Abhöraktion nichts gewusst habe, andernfalls hätte er sie sofort gestoppt. Er habe Merkel sein tiefes Bedauern ausgedrückt und sich entschuldigt. Botschafter a.D. Kornblum bestätigte bei *Günther Jauch* diese Version: Das Weiße Haus habe das bekannt gegeben und »*wenn der Präsident sagt, dass er es nicht gewusst hat, dann hat er es nicht gewusst*«.

Bild am Sonntag berichtet hingegen, dass der Chef der NSA Obama persönlich davon in Kenntnis gesetzt habe, dass Merkels Handy schon seit 2002 überwacht worden sei. Mindestens seit 2010 habe der amerikanische Präsident vom Abhören der Kanzlerin gewusst. »*Obama hat die Aktion damals nicht gestoppt, son-dern weiterlaufen lassen*«, so wird ein Geheimdienstmitarbeiter zitiert.

Kornblum meinte dazu nur: »*Vielleicht war der Präsident nicht aufmerksam genug*« oder er habe möglicherweise »*die Übersicht verloren*«.

Nach diesen Medienberichten gibt es also nur folgende Mög-lichkeiten: Entweder hat Obama Merkel angelogen oder das Kanzleramt lügt, indem es die Entschuldigung des Präsidenten falsch kolportiert. Man kann sich aussuchen, was schlimmer ist.

Sollte die Information von *Bild am Sonntag* richtig sein, dann wäre das ein Beleg dafür, wie sehr der amerikanische Präsident ein Spielball seiner Geheimdienste ist. Sie könnten es sich sogar erlauben, Obama vor aller Welt als Lügner dastehen zu lassen. Angeblich hat die NSA die *Bild*-Meldung dementiert, doch was heißt das in diesen Zeiten schon, wo offenbar mit Halbwahrhei-ten oder ganzen Lügen gearbeitet wird.

Unfähigkeit oder Kumpanei?

Die deutschen Geheimdienste haben einmal mehr ihre totale Un-fähigkeit demonstriert, weil sie die Ausspähung, die ja angeblich von der amerikanischen Botschaft, also in der höchsten Sicher-heitszone getätigt wurde, nicht bemerkt haben. Oder aber sie steckten mit dem amerikanischen Geheimdienst unter einer De-cke, ohne dass dies im Kanzleramt bekannt war oder zur Kenntnis genommen wurde.

Auch hier kann man sich aussuchen, was schlimmer ist.

Ist die Kanzlerin terrorverdächtig?

Trotz der verwirrenden Informationslage ist eine Tatsache nicht mehr streitig: Telefonate der deutsche Bundeskanzlerin wurden von amerikanischen Geheimdiensten abgehört. Das ist aber gleichzeitig ein eindeutiger Beweis dafür, dass es bei der Ausspähung nicht – wie immer wieder behauptet wird – ausschließlich um Terrorabwehr geht. Es sei denn, man betrachtet Angela Merkel als terrorverdächtig.

Wenn aber selbst die Regierungschefin ausgespäht wird, um wie viel größer ist dann die Wahrscheinlichkeit, dass jeder beliebige Bürger abgeschöpft wird?

Merkel, Kanzleramtsminister Pofalla und Innenminister Friedrich haben sich jedenfalls bis auf die Knochen blamiert, als sie den Abhörskandal vor der Wahl für beendet erklärten.

Seltsam schwaches Echo auf einen üblen Skandal

22. November 2013 / Rubrik: Orwell 2.0 / von Albrecht Müller

NDR und Süddeutsche Zeitung haben gemeinsam ein Projekt zur Aufklärung geheimer Operationen von US-Geheimdiensten und mit ihnen in Verbindung stehenden Firmen gestartet. Sie nennen das »*Geheimer Krieg*«. So heißt auch die Website *www.geheimerkrieg.de*, auf der Sie sich über die Recherchen informieren können. Schon vor einer Woche wurde über interessante Ergebnisse berichtet. Aber das Medienecho war nach meinem Eindruck nicht sonderlich groß. Fragen zu geheimen Operationen und zu der mangelnden Souveränität unseres Landes werden nicht geklärt und weitestgehend totgeschwiegen.

Einige Hinweise auf skandalöse Vorgänge:

> ❱ Es wurde darüber berichtet, dass die vielfältigen Aktivitäten von US-Militär und US-Geheimdiensten, wie z.B. Drohneneinsätze gegen mutmaßliche Terroristen in Afrika, von den US-Stützpunkten Rammstein und Stuttgart aus gesteuert werden.

) Die US-Regierung beschäftigt private Firmen als Spionage-
dienstleister. Das IT-Unternehmen CSC gilt als EDV-Abteilung
der US-Geheimdienste und hat für die NSA Abhörprogramme
mitentwickelt.

) Die deutsche Bundesregierung gewährt dem US-Spionage-
dienstleister CSC Zugriff auf vertrauliche deutsche Daten und
gibt auch Aufträge an dieses Unternehmen. BDA-Hauptge-
schäftsführer Reinhard Göhner, von 1983 bis 2007 für die CDU
im Bundestag, ist seit 1998 Aufsichtsratsmitglied von CSC
Deutschland Solutions.

Außerdem: US-Beamte auf deutschen Flug- und Seehäfen verhindern Reisen in die USA. Das US-Militär unterstützt deutsche
Hochschulen mit Forschungsaufträgen in Millionenhöhe.

Bitte helfen Sie, das Wissen über diese skandalösen Machenschaften weiterzuverbreiten.

Die US-nah organisierte Gleichschaltung wichtiger Leitmedien

21. März 2014/Rubrik: Aktuelles, Frieden, Medienanalyse, Strategien der Meinungsma-
che/von Albrecht Müller

Der Medienwissenschaftler Uwe Krüger hat 2013 eine wissenschaftliche Arbeit über die Zusammenhänge von Größen des
deutschen Journalismus mit außen- und sicherheitspolitisch aktiven Eliten veröffentlicht. Der Titel seines Buches: »Meinungs-
macht«. Es ist im Halem-Verlag erschienen. Seine Beobachtungen
sind wichtig, um das einseitige Medienecho beim Konflikt um die
Ukraine besser zu verstehen.

So wird der Mainstream US-nah ausgerichtet

Medium	Name	Organisation, in der der Journalist zwischen 2002 und 2009 involviert war
ZEIT	Josef Joffe	American Academy in Berlin American Council on Germany American Institute for Contemporary German Studies Aspen Institute Deutschland Atlantik-Brücke Bilderberg Europe's World Goldman Sachs Foundation Hypovereinsbank International Institute for Strategic Studies „Internationale Politik" Münchner Sicherheitskonferenz „The American Interest" Trilaterale Kommission
ZEIT	Matthias Naß	Atlantik-Brücke Bilderberg
ZEIT	Marc Brost	Atlantik-Brücke
Süddeutsche Zeitung	Stefan Kornelius	American Institute for Contemporary German Studies Bundesakademie für Sicherheitspolitik Deutsche Atlantische Gesellschaft Deutsche Gesellschaft für Auswärtige Politik „Internationale Politik" Körber-Stiftung Münchner Sicherheitskonferenz
ZDF	Claus Kleber	Aspen Institute Deutschland
ZDF	Peter Frey	Bundesakademie für Sicherheitspolitik Körber-Stiftung
BILD	Kai Diekmann	Atlantik-Brücke
FAZ	Klaus-Dieter Frankenberger	Atlantische Initiative Bundesakademie für Sicherheitspolitik Institut für Europäische Politik Münchner Sicherheitskonferenz Trilaterale Kommission
WELT	Michael Stürmer	Deutsche Gesellschaft für Auswärtige Politik European Council on Foreign Relations German British Forum Münchner Sicherheitskonferenz Valdai Discussion Club

Uwe Krüger beschreibt, dass sich Journalisten in verschiedenen Zirkeln mit den Mächtigen treffen und wie sich dieses Eingebundensein in ihren journalistischen Werken niederschlägt:

>Am auffälligsten war der Befund, dass vier leitende Journalisten der Süddeutschen Zeitung (Kornelius), der Frankfurter Allgemeinen Zeitung (Frankenberger), der Welt (Stürmer) und der Zeit (Joffe) stark in US- und NATO-affinen Strukturen eingebunden sind.« Das deckt sich mit den Beobachtungen vieler unserer Leserinnen und Leser – auch was andere Journalisten angeht. Die Daten im Buch von Uwe Krüger beziehen sich auf die Jahre 2002–2009. Die meisten Beobachtungen sind aber noch aktuell.

Diese Personen waren auf verschiedene Weise mit den genannten Institutionen verwoben – u.a. über die Mitgliedschaft in Vereinen, im Beirat oder im Kuratorium sowie mit der Teilnahme an nicht-öffentlichen Konferenzen.

Uwe Krüger hat Artikel und andere Medienprodukte der genannten Journalisten untersucht und festgestellt: Sie lagen ganz auf Linie mit den Eliten. Sie mahnten zu stärkerem militärischen Engagement und empfahlen mehr Führung und Überzeugungsarbeit bei der skeptischen Bevölkerung, um die Linie durchzusetzen. Zu welchen Ergebnissen diese Agitation führt, konnten wir erleben, als im Kontext der Münchner Sicherheitskonferenz dieses Jahres Bundespräsident Gauck, Außenminister Steinmeier und Verteidigungsministerin von der Leyen einvernehmlich mehr Verantwortung in der Welt einforderten, was gleichbedeutend ist mit mehr militärischem Engagement.

Die Nähe zu den Eliten und zu deren politischer Orientierung zahlt sich auch für die Karriere der genannten Journalisten aus. Joffe, Frey, Kleber etc. sind auch dank ihrer ideologischen Ausrichtung und ihrer Verbundenheit mit den Zirkeln der Eliten beruflich erfolgreich.

Die genannten Personen sind einflussreich. Sie bestimmen durch ihre Prominenz auch die Berichterstattung und Kommentierung von anderen Journalistinnen und Journalisten.

Dort ist dann fast keine Rede von der Mitwirkung der Europäischen Union, der USA und der NATO an der Erosion der stabilen Sicherheitsordnung. Von den Zumutungen und den gebrochenen Versprechungen gegenüber Russland wird nicht berichtet. Schuld sind allein die Russen.

Die Einbindung von Journalisten findet auf vielfältige Weise statt – durch Verknüpfung mit den aufgeführten Institutionen. Darüber hinaus aber auch durch die Tätigkeit als Korrespondenten, vor allem in den USA und in Brüssel. Ein Leser der *NachDenk-Seiten*, dem ich Anregungen für diesen Artikel verdanke, schreibt: *»Mir fiel auf, dass durch das bekannte Rotationsprinzip nach kurzzeitigem Aufenthalt in USA plötzlich ein anderer ›Zungenschlag‹ zu vernehmen war, der anderswo als Gehirnwäsche gebrandmarkt wird.«* Er hat das beim *Deutschlandfunk* beobachtet. Man kann es bei der *ARD* und beim *ZDF* beobachten.

Die Rollback-Ideologen in den USA und Europa bestimmen das Medienecho maßgeblich. Wer gerade regiert, ist dabei ziemlich gleichgültig.

Das ist kein neues Phänomen. Clevere Rechtskonservative und ihre Agitatoren im Hintergrund suchen sich oft eher »links« orientierte Personen als Rammböcke zur Durchsetzung ihrer Interessen und Ideologien. So wurden Joschka Fischer und Rudolf Scharping für die Durchsetzung der militärischen Intervention im Kosovo-Krieg instrumentalisiert. So geschieht es heute. Der sozialistische Präsident Frankreichs ist einer der Hauptmatadore der neuen Konfrontation in Europa. Wichtige Repräsentanten der Grünen einschließlich der Heinrich-Böll-Stiftung wirken an vorderer Front beim Aufbau der neuen Konfrontation in Europa mit.

Fazit:
Es ist wichtig, über die organisierte Gleichschaltung vieler Medien aufzuklären.

Es ist wichtig, auf diese Weise die Glaubwürdigkeit dieser Medien zu erschüttern.

Nur dann wird es gelingen, in unserem Volk den noch vorhandenen Widerstand gegen einen neuen Kalten Krieg und gegen die neue Teilung Europas in West und Ost zu erhalten und auszubauen.

Deshalb die herzliche Bitte: Klären Sie auf über die Abhängigkeit vieler deutscher Medien von den Herrschenden und einer militärorientierten herrschenden Ideologie, die übrigens immer auch eine innenpolitische und gesellschaftspolitische Seite hat.

Ein Weckruf zum Umdenken: Urteil zur Vorratsdatenspeicherung

9. April 2014 / Rubrik: Das kritische Tagebuch / von Wolfgang Lieb

Dass der Europäische Gerichtshof die Vorratsdatenspeicherungsrichtlinien für ungültig erklären und damit außer Kraft setzen würde, hatte kaum jemand erwartet. Die Richter sehen die *Charta der Grundrechte der Europäischen Union*, speziell die Rechte auf Achtung des Privatlebens sowie auf den Schutz personenbezogener Daten verletzt. Sie rechnen gründlich mit der verharmlosenden Darstellung ab, wonach ja nur Verbindungsdaten und keine Kommunikationsinhalte gespeichert würden.

Der Koalitionsvertrag zwischen CDU/CSU und SPD, der die Umsetzung der EU-Richtlinie zum Regierungsprogramm machte, läuft nun ins Leere. Die Richtlinie existiert nicht mehr. Das Urteil sollte Anlass für ein Umdenken sein, nämlich um darüber Aufklärung zu verlangen, ob eine Vorratsdatenspeicherung überhaupt zu mehr öffentlicher Sicherheit führen kann.

Von dem Luxemburger Gerichtshof war ich bisher andere Urteile gewohnt, nämlich etwa, dass die Dienstleistungsfreiheit über nationalen Arbeitnehmerrechten steht oder dass das nationale Streikrecht oder das Tariftreuegesetz gegenüber den wirtschaftsliberalen Freiheitsrechten für nachrangig erklärt worden sind.

Kurz, mir war der EuGH bisher nur als Exekutor einer wirtschafts-
liberalen Politik in der Europäischen Gemeinschaft aufgefallen.
Und nun plötzlich verschafft dieser Gerichtshof der *Charta der
Grundrechte der Europäischen Union* in geradezu spektakulärer
Weise Achtung.

Das Urteil ist ein Paukenschlag gegen Geheimniskrämerei

Dass es überhaupt zu diesem Urteil kommen konnte, ist der Organisation *Digital Rights Ireland Ltd.*, der Kärntner Landesregierung
sowie 11 128 weiteren österreichischen Antragstellern zu verdanken. Deutschland hat im Gegensatz zu vielen anderen europäischen Regierungen in diesem Verfahren noch nicht einmal eine
Erklärung abgegeben.

Nach den Schlussanträgen des Generalanwalts Pedro Cruz Villalón konnte man ahnen, dass die Richter die Richtlinie nicht un-
verändert passieren lassen würden. Man musste damit rechnen,
dass der Gerichtshof die Richtlinie aus dem Jahre 2006 über die
Vorratsspeicherung von Daten möglicherweise mit ein paar Auf-
lagen versieht, die von der EU in angemessener Zeit umgesetzt
werden müssten, die Richtlinie aber ansonsten in Kraft lässt. Das
ist aber erstaunlicherweise nicht geschehen.

Verletzung der Grundrechte auf Achtung des Privatlebens sowie auf Schutz personenbezogener Daten

Es sind zwei Grundrechte, die die Richter verletzt sehen, nämlich
das Grundrecht auf Achtung des Privatlebens sowie das Grundrecht auf Schutz personenbezogener Daten:

*»Der Schutz des Grundrechts auf Achtung des Privatlebens ver-
langt nach ständiger Rechtsprechung des Gerichtshofs jedenfalls,
dass sich die Ausnahmen vom Schutz personenbezogener Daten und
dessen Einschränkungen auf das absolut Notwendige beschränken
müssen.«* (*Ziffer 52 des Urteils*)

Es wäre zu wünschen, dass die Bedrohung des Privatlebens, wie sie das Gericht beschreibt, endlich im öffentlichen Bewusstsein und in der politischen Diskussion wahrgenommen würde. Verharmlosend heißt es ja immer, dass bei der Vorratsdatenspeicherung ja nur die Verbindungsdaten und nicht die Inhalte der Kommunikation gespeichert würden.

Mit dieser Verharmlosung machen die Richter Schluss:

»Aus der **Gesamtheit dieser Daten können sehr genaue Schlüsse auf das Privatleben der Personen, deren Daten auf Vorrat gespeichert wurden, gezogen werden,** *etwa auf Gewohnheiten des täglichen Lebens, ständige oder vorübergehende Aufenthaltsorte, tägliche oder in anderem Rhythmus erfolgende Ortsveränderungen, ausgeübte Tätigkeiten, soziale Beziehungen dieser Personen und das soziale Umfeld, in dem sie verkehren.*

Unter solchen Umständen ist es ... nicht ausgeschlossen, dass die Vorratsspeicherung der fraglichen Daten **Auswirkungen auf die Nutzung der von dieser Richtlinie erfassten Kommunikationsmittel** *durch die Teilnehmer oder registrierten Benutzer und infolgedessen auf deren Ausübung der durch Art. 11 der Charta gewährleisteten* **Freiheit der Meinungsäußerung hat.**

(...) Für die Feststellung des Vorliegens eines Eingriffs in das Grundrecht auf Achtung des Privatlebens kommt es nicht darauf an, ob die betreffenden Informationen über das Privatleben sensiblen Charakter haben oder ob die Betroffenen durch den Eingriff Nachteile erlitten haben könnten ...« (Ziffer 27ff. des Urteils)

In klaren Worten kritisiert das Gericht auch den Umstand, dass die Vorratsspeicherung der Daten und ihre spätere Nutzung vorgenommen werden könnten, ohne dass der Teilnehmer oder der registrierte Benutzer darüber informiert wird. Das sei geeignet, *»bei den Betroffenen das* Gefühl zu erzeugen, dass ihr Privatleben Gegenstand einer ständigen Überwachung ist«.

Angesichts dieser Argumentation fragt man sich allerdings, warum die nach der Richtlinie 2006/24 vorgeschriebene Vorratsdatenspeicherung eigentlich nicht in den *»Wesensgehalt der*

Grundrechte auf Achtung des Privatlebens und auf Schutz personenbezogener Daten« eingreifen soll.

Trotz der ausführlich beschriebenen Gefahren hält das Gericht nämlich eine Vorratsdatenspeicherung dann doch für zulässig, wenn sie dem Gemeinwohl und der öffentlichen Sicherheit dient, also vor allem der Bekämpfung schwerer Kriminalität.

Bundesinnenminister Thomas de Maizière von der CDU kommentierte das Urteil so: *»Meine Position wird dabei die sein: Ich dränge auf eine rasche, kluge, verfassungsgemäße und mehrheitsfähige Neuregelung.«*

Zwar hätten die europäischen Richter eine Speicherfrist der Daten von zwei Jahren abgelehnt, doch eine Speicherdauer von drei bis sechs Monaten, wie die Koalition sie plane, halte er nach erster Durchsicht des Urteils aber weiterhin für möglich, sagte de Maizière. Im Übrigen sei die Vorratsdatenspeicherung zur Aufklärung schwerer Straftaten notwendig.

Bundesjustizminister Heiko Maas von der SPD sieht erst mal keinen schnellen Handlungsbedarf: *»Damit haben wir eine neue Situation. Es gibt keine Richtlinie mehr, die wir umsetzen müssen. Es drohen keine Vertragsstrafen mehr und deshalb gibt es auch keinen Grund, jetzt schnell ein neues Gesetz vorzulegen.«*

Man darf gespannt sein, wer sich wie in der Großen Koalition durchsetzen wird. Der Koalitionsvertrag gibt für einen politischen Zwang zur Einführung der Vorratsdatenspeicherung nicht mehr viel her. Dort hieß es: *»Wir werden die EU-Richtlinie über den Abruf und die Nutzung von Telekommunikationsverbindungsdaten umsetzen. Dadurch vermeiden wir die Verhängung von Zwangsgeldern durch den EuGH.«*

Die Richtlinie ist aber nach dem Urteil nichtig und die Gefahr von Zwangsgeldern besteht gleichfalls nicht mehr. Das Urteil der Luxemburger ist eine Ohrfeige für die CDU-Seite der Bundesregierung. Die CDU/CSU wollte schon immer die nun kassierte Richtlinie umsetzen, sogar noch als schon absehbar war, dass die Luxemburger Richter den Auffassungen Generalanwalts Pedro

Cruz Villalón folgen würden. Der neue Justizminister Heiko Maas stand Anfang des Jahres ziemlich unter Druck.

Angesichts der Snowden-Enthüllungen über die Zusammenarbeit der Geheimdienste mit privaten Internetdienstleistern, die ja die Daten auf Vorrat speichern müssen, ist folgender Passus des Urteils von Brisanz:

»Daher muss die fragliche Unionsregelung klare und präzise Regeln für die Tragweite und die Anwendung der fraglichen Maßnahme vorsehen und Mindestanforderungen aufstellen, so dass die Personen, deren Daten auf Vorrat gespeichert wurden, über ausreichende Garantien verfügen, die einen wirksamen Schutz ihrer personenbezogenen Daten vor Missbrauchsrisiken sowie vor jedem unberechtigten Zugang zu diesen Daten und jeder unberechtigten Nutzung ermöglichen.« (*Ziffer 54 des Urteils*)

Wie sollen den Personen, deren Daten auf Vorrat gespeichert wurden, »*ausreichende Garantien*« für einen wirksamen Schutz ihrer Daten gegeben werden können und wie sollen sie vor Missbrauchsrisiken geschützt werden?

Nimmt man diesen Urteilsspruch angesichts der bekannt gewordenen flächendeckenden Überwachung und Speicherung der Kommunikationsdaten durch die amerikanischen und britischen Geheimdienste ernst, so müsste eine neue Richtlinie diese Ausspähung ausschließen. Aber wie?

Bisher jedenfalls sind die Befürworter der Vorratsdatenspeicherung jeden konkreten Beweis schuldig geblieben, ob diese zur Abwehr schwerer Straftaten oder des Terrorismus notwendig und wirksam ist. Stehen die deutschen Strafverfolgungsbehörden, seitdem das Bundesverfassungsgericht das Gesetz zur Vorratsdatenspeicherung im Jahre 2010 für verfassungswidrig erklärt hat, schlechter da als die Staaten, in denen gespeichert wird? Wo wurde jemals ein schlüssiger Nachweis geführt, dass die Vorratsdatenspeicherung für die angegebenen Ziele notwendig ist?

Eine konkrete Beweisführung, ob eine Vorratsdatenspeicherung zu mehr öffentlicher Sicherheit führt, ist bisher mit Verweis auf Geheimhaltungsgründe verweigert worden. Können geheim gehaltene Gründe aber Eingriffe in die Grundrechte der Achtung des Privatlebens sowie des Schutzes personenbezogener Daten legitimieren?

Angst vor Amerika? Ja. Äquidistanz ist angesagt

2. Mai 2014 / Rubrik: Aktuelles, Außen – und Sicherheitspolitik, USA / von Albrecht Müller

In Deutschland flammt immer mal wieder die Diskussion darüber auf, ob es zu den USA zum einen und zu Russland zum andern einen ähnlichen Abstand geben sollte. Einflussreiche Medien und ihnen verbundene Politiker halten die Äquidistanz, also den gebührenden Abstand zu beiden Großmächten, für Teufelszeug. Es scheint jedoch nach den Erfahrungen mit einigen undemokratischen Entwicklungen in den USA, mit ihrer militärischen expansiven Strategie, mit der Totalüberwachung mittels NSA und mit der Drohung gegenüber jenen Abgeordneten, die auf eine Befragung von Snowden in Deutschland drängen, angebracht, zu den USA auf Distanz zu gehen. Ihre Demokratie und ihre Rechtsauffassung haben eine Schlagseite, die ähnlich gefährlich ist wie die Schlagseite mancher Kreise in Russland.

Mich bringt schon die Existenz der Todesstrafe auf Distanz zu den USA. **Ein Land, das die Todesstrafe braucht und nutzt, ist aus meiner Sicht keine Demokratie.** Zu diesem Urteil komme ich auch ohne Kenntnis der unmenschlichen Art der Exekution, von der wir in den letzten Tagen wieder einmal lesen konnten.

Wenn ich jetzt höre, dass unseren Abgeordneten gedroht wird, wenn sie einen Zeugen vernehmen wollen, der mit der Aufdeckung der Spionagepraxis der USA einen wichtigen Beitrag zur demokratischen Kontrolle geliefert hat, dann kann ich an diesem Land und seiner selbstherrlichen Ideologie und Praxis nichts Vorbildliches sehen. Und die liebedienerische Verbeugung unserer

Kanzlerin erweckt obendrein den Eindruck, dass uns unsere eigene Regierung nicht vor der Bedrohung durch die USA schützt, sondern mit ihnen unter einer Decke steckt.

Die Ausweisung des CIA-Chefs ist inszenierter Theaterdonner

11. Juli 2014 / Rubrik: Aktuelles, Überwachung, Bundesregierung, Strategien der Meinungsmache / von Albrecht Müller

Viele Menschen in Deutschland, möglicherweise die Mehrheit, sehen kritisch, was die USA bei uns anstellen und was sie weltweit tun. Deshalb hat die Bundesregierung ein Interesse an einer Distanzierung, die nichts kostet: wie die Ausweisung des CIA-Chefs. Sie lenkt von den wirklichen Bedrohungen ab. Und dies erfolgreich. Die Lobeshymnen, die wegen dieser geradezu lächerlichen Ausweisung in den deutschen Medien und von Politikern (mit wenigen Ausnahmen) gesungen werden, sind bemerkenswert.

Gemessen an der tatsächlichen Verletzung der Eigenständigkeit der deutschen Politik und der Souveränität unseres Landes ist die Tätigkeit eines oder mehrerer US-Spione geradezu lächerlich:

❭ Die Geheimdienste beider Länder arbeiten eng zusammen. Der BND war von Anfang stark von den USA beeinflusst und ist auf zuarbeitende Kooperation angelegt.

❭ Die NSA spioniert normale Menschen und die Bundeskanzlerin aus. Amerikaner und Briten haben Zugang zu internen Informationen in der deutschen Wirtschaft. Wir lassen uns also sogar Wirtschaftsspionage durch die NSA gefallen, obwohl das Deutschlands ökonomische Substanz bedroht. Jakob Augstein hat es treffend formuliert: *»Deutschland ist das treue Hündchen, der Dackel der USA.«*

❭ Wenn man es auf deutscher Seite wirklich ernst meinen würde, weshalb lädt man dann nicht Snowden mindestens zur Befragung durch den NSA-Untersuchungsausschuss nach Berlin ein? Oder gewährt ihm gar politisches Asyl? Dass Snowden auf deutschen Boden seines Lebens nicht sicher wäre, zeigt im Übrigen, wie wenig die deutsche Bundesregierung für die Sicherheit von Menschen sorgen kann, die den USA nicht in den Kram passen.

〉 Die Spionage der enttarnten Spione ist lächerlich im Vergleich zum Zugeständnis an die USA, auch von Deutschland aus ihren Drohnenkrieg zu führen.

〉 Von hier aus starten schwere Bomber mit ihrer Fracht in die Krisenherde, in denen die USA verstrickt sind.

〉 Wichtige Kommunikationen laufen über unser Land. Eine von zwei Satelliten-Kommunikationsstationen (Satcom) der NATO in Deutschland steht zwei Kilometer von meinem Schreibtisch entfernt. Dort wird unbeeindruckt von der Ausweisung des CIA-Chefs unter NATO-Partnern einschließlich Deutscher und Amerikaner gut zusammengearbeitet.

〉 Deutschland arbeitet auch bei der Krise um die Ukraine eng mit den USA zusammen. Zum Beispiel: Der deutsche Außenminister arrangierte mit dem vorigen Präsidenten der Ukraine einen Vertrag, der gerade eine halbe Nacht hielt und ein wichtiger Meilenstein auf dem Weg zur Machtübernahme der von den USA Ausgeguckten für das Amt des Ministerpräsidenten und des Präsidenten der Ukraine war. Und auch jetzt wieder leisten Repräsentanten Deutschlands Hilfsdienste zur Ablenkung vom Gemetzel in der Ostukraine. Steinmeier und Merkel appellieren an Putin, er solle die prorussischen Aktivisten zur Räson bringen. Damit soll die Botschaft verbreitet werden, dass Putin und Moskau allein schuld sind am tödlichen Geschehen in der Ostukraine.

7 Zurück in die Zukunft
Die Rückkehr des Ost-West-Konflikts

Das Böse hat endlich wieder einen Namen – Putin. Ohne sich den obersten Russen schönreden zu wollen: Ein neuer Kalter Krieg wird von westlicher Seite bewusst mitbetrieben, unter Inkaufnahme einer weiteren Eskalation. Und die Medien machen einmal mehr kritiklos den Schulterschluss mit den USA mit.

Weh dem, der lügt

6. März 2014 / Rubrik: Aktuelles, Manipulation des Monats / von Jens Berger

John Kerry und sein State Departement holen zum großen PR-Schlag aus. In einer Zehn-Punkte-Liste bezichtigen sie den russischen Präsidenten der Lüge. Das Problem: Kerry und sein Ministerium lügen selbst, dass sich die Balken biegen. Während Putin auf der Krim Fakten schafft, versucht die PR-Abteilung der US-Regierung in den Köpfen der Menschen Fakten zu zementieren, die keine sind.

Die *FAZ* veröffentlichte heute in ihrer Online-Ausgabe eine Aufstellung des State Department, die redaktionell mit der Überschrift »*Die Liste der Lügen*« versehen wurde. Doch wer lügt hier und wer spricht die Wahrheit?

Putin: Es ist der russischen Opposition nicht gelungen, das Übereinkommen mit Präsident Janukowitsch vom 21. Februar umzusetzen.

State Department: Das Abkommen sah vor, dass die Verfassung
von 2004 wiederhergestellt werden und das Parlament seine frühe-
ren Kompetenzen wiedererlangen sollte. Statt zu unterzeichnen, ist
Janukowitsch geflohen, wobei er Beweise weitreichender Korruption
hinterließ.

Hier tischt das State Department der Weltöffentlichkeit eine dreiste Lüge auf. Wie beispielsweise in einem Nachrichtenbeitrag von *n-tv* zu sehen ist, unterzeichnete Janukowitsch sehr wohl das Abkommen, dessen Inhalt auch auf den Seiten des Auswärtigen Amtes abrufbar ist. Neben Janukowitsch unterschrieben auch im Namen der Opposition Vitali Klitschko (UDAR), Oleg Tjagnibok (Swoboda) und Arsenij Jazenjuk (Vaterland). Bezeugt wurde die Unterzeichnung durch die Außenminister Polens, Deutschlands und Frankreichs.

Das Abkommen sieht unter Punkt 5 vor, dass beide Seiten ernsthaft dafür Sorge tragen, besetzte Straßen, Parks und Plätze freizumachen und sich von öffentlichen Gebäuden zurückzuziehen. Am Tag darauf distanzierten sich die drei oppositionellen Unterzeichnerparteien bereits von diesem Punkt, indem sie in einem Statement bekannt gaben, »*die Forderungen der Regierung, den Maidan zu räumen, nicht zu akzeptieren*«.

Wer das Abkommen nicht unterschrieben hat, war übrigens die militant rechtsextreme Partei Rechter Sektor, die bereits am Tag der Unterzeichnung ankündigte, ihren gewaltsamen Protest fortzusetzen.

Und warum ist Janukowitsch geflohen? Der neue Innenminister ließ sämtliche Wachen und Polizeikräfte abziehen, die seine Residenz bewachten. Hätte er dort ausharren und die gewaltbereiten Demonstranten des Rechten Sektors mit offenen Armen empfangen sollen?

Die Lüge, dass Janukowitsch angeblich das Übereinkommen nicht unterschrieben habe, wird übrigens auch von John Kerry höchstpersönlich kolportiert:

»[…] He broke his obligation to sign that agreement and he fled into the night with his possessions destroying papers behind him. […]«

Putin: Die neue ukrainische Regierung ist illegitim, Janukowitsch bleibt der rechtmäßige Präsident.

State Department: Putin selbst hat Janukowitsch als »Mann ohne politische Zukunft« bezeichnet. Janukowitschs »Partei der Regionen« unterstützte nach seiner Flucht die neue ukrainische Regierung. Das gewählte Parlament wählte die neue Regierung mit 82 Prozent der Abgeordneten. In der Parlamentswahl am 25. Mai können alle Ukrainer über die Zukunft des Landes mitbestimmen.

Auch hier bedient sich das State Departement einer ziemlich dreisten Lüge. Die Partei der Regionen unterstützte keinesfalls die Übergangsregierung, sondern ging in die Opposition. Die nötigen Stimmen holte sich die vorherige Opposition vielmehr von 118 fraktionslosen Abgeordneten – davon 74 Abgeordnete, die in den Chaostagen aus der Partei der Regionen ausgetreten sind. Richtig ist, dass Janukowitsch tags drauf mit einer Mehrheit von der Rada abgesetzt wurde. Auch in diesem Punkt haben die Oppositionsparteien jedoch das von ihnen unterzeichnete Abkommen verletzt.

Putin: Ethnische Russen werden bedroht.

State Department: Jenseits der russischen Medien gibt es keine glaubwürdigen Berichte über Drohungen gegen Russen. Das Sprachengesetz wurde nicht unterzeichnet. Ethnische Russen und Russischsprachige haben Petitionen verfasst, wonach ihre Gemeinden nicht bedroht wurden. Seit der Machtübernahme ist es in Kiew ruhig. Es gab keine höhere Verbrechensrate, keine Plünderungen und keine Vergeltungsaktionen gegen politische Gegner.

Und schon wieder eine dreiste Lüge. Das Sprachengesetz wurde selbstverständlich am 23. Februar von der Rada **verabschiedet** – was für Verwirrungen sorgt, ist jedoch, dass Übergangsregierungschef Jazenjuk nach heftigen Protesten der EU und einer Intervention von EU-Kommissionspräsident Barroso ankündigte,

»das Sprachengesetzt nicht zu verabschieden«. Ob das Gesetz nun in Kraft ist oder nicht – fest steht, dass es am 23. Februar von der Rada verabschiedet wurde.

Fällt den amerikanischen und deutschen Medien, die diese Lügen weiterverbreiten, eigentlich gar nicht auf, dass sie sich hiermit selbst zu Propagandisten machen?

Offensichtlich kommt der Normalpolitiker nicht ohne Feindbild aus

22. November 2013 / Rubrik: Außenpolitik / von Albrecht Müller

Heute melden die Zeitungen den vorläufigen Abbruch der Verhandlungen zwischen der Ukraine und der EU. In den Kommentaren dazu wie schon vorher bei den die bisherigen Verhandlungen taucht immer wieder die Vorstellung auf: Hier ist der gute Westen, zu dem wir die Ukraine gerne herüberziehen würden, und dort ist der böse Russe, personifiziert durch Putin. Welcher abstruse Rückfall in Blockdenken und weit hinter die Entspannungspolitik der sechziger/siebziger-Jahre zurück dies bedeutet, erkennt man, wenn man sich das Grundsatzprogramm der SPD von 1989 anschaut. Dort wird die Auflösung beider Blöcke und der Aufbau einer europäischen Friedensordnung als Ziel genannt. Dieses Ziel ist anscheinend aufgegeben.

Offensichtlich lebt es sich als Politiker/in besser, wenn es Feindbilder gibt. Der größte Vorteil dieser »Einrichtung« ist, dass man selbst als gut erscheint. Mit einem solchen Feindbild kann man die miesen und skandalösen Vorgänge im eigenen Lager vergessen machen. So z.B. die Ausspähaktionen der USA, Großbritanniens und der eigenen Regierung, die schlimme Entwicklung der Einkommensverteilung und die daraus folgende weitere Spaltung unserer Gesellschaften im neoliberalen Westen.

Zur Personifizierung des Guten hat man sich im Falle der Ukraine ausgerechnet Frau Timoschenko ausgesucht – immerhin vielleicht besser als George W. Bush oder die Tea Party, aber sehr geeignet zur Demonstration unserer »Wertegemeinschaft« ist sie wahrlich nicht.

Brüssel macht bei der Wiederbelebung des Blockdenkens in Europa mit und auch bei den Koalitionsverhandlungen ist bisher keine/r aufgetreten, der oder die die Rückkehr zur entspannungspolitischen Vernunft gefordert hätte. Auch die Erfinderin dieser Politik, die SPD, nicht. Im Gegenteil, die zeitgleich bekräftigte Trennungslinie zur Linkspartei in der Außen- und Sicherheitspolitik lässt darauf schließen, dass sie auch ihr friedenspolitisches Kapital weiter verschleudert.

Der Rückfall in die vierziger und fünfziger Jahre

20. Dezember 2013 / Rubrik: Außenpolitik, Frieden / von Albrecht Müller

Wenn in den Zeitungen, im Hörfunk und im Fernsehen über die Ukraine, über die Europäische Union und die Russen gesprochen wird, erinnert das an die Zeit des Kalten Krieges von vor 50 Jahren. Der *Spiegel*-Titel dieser Woche zeigt beispielsweise einen Putin mit unsympathischen Zügen.

Putin mag ja unsympathisch sein. Aber diese Darstellung wie die meisten anderen Medienprodukte und wichtige Äußerungen von Politikern zielen auf den Aufbau einer neuen Konfrontation zwischen dem »guten« Westen und den »bösen Russen«. Das ist im Widerspruch zu dem erfolgreichen Versuch Willy Brandts, Helmut Schmidts und der sozialliberalen Koalition bis hin zu Helmut Kohl, die Konfrontation zwischen Ost und West zu beenden.

Rollback, Blockbildung: Das alles glaubten wir eigentlich schon überwunden. Es ist so, als hätte es keine Vertrags- und Friedenspolitik gegeben mit dem Ziel der Blockauflösung.

Mich versetzt die jetzige Debatte zurück in die fünfziger Jahre. Der Kalte Krieg zwischen Ost und West war voller böser Vorurteile. Damals wurde mobilisiert, was schon in den zwanziger Jahren und bei den Nazis aufgebaut worden war: die Verachtung für den Osten, für die Slawen, für die Russen, für die Sowjets.

Die Vorstellung, den Einflussbereich »der Russen« zu beschneiden und sie zurückzudrängen, wurde damals von amerikanischer Seite wie auch in Europa kräftig genährt. Vom »*Rollback*« war die Rede. Ein ähnliches Denken greift heute wieder um sich. Die Ukrainer wähnt man im »Einflussbereich« der Russen und will sie herauslösen. Schon das Denken in solchen Einflussbereichen ist rückwärtsgewandt. Die EU als Institution zu betrachten, die einen Einflussbereich darstellt und diesen nun ausdehnen müsse, ist ein Zeichen dafür, dass die alten unseligen Vorstellungen von Nation und Imperium jetzt auf die EU übertragen werden. Das entspricht zutiefst reaktionärem Denken.

Der Abbau der Konfrontation und die Vorstellung von einer europäischen Friedensordnung

Die Konfrontation in den fünfziger und sechziger Jahren war unproduktiv und gefährlich. Sie hat auch der Entwicklung und Verbesserung der inneren Situation in den Ländern, mit denen man in Konfrontation lebte, nicht gefördert. Deshalb war die Strategie, die Anfang der sechziger Jahre des letzten Jahrhunderts von Willy Brandt implementiert worden ist, so erfolgreich: Wandel durch Annäherung, Veränderung der inneren Entwicklung bei den Gegnern durch Abbau der Konfrontation. Das hat funktioniert. Die Sowjetunion wurde aufgelöst, die innere Entwicklung in den osteuropäischen Staaten und in Russland ist wesentlich besser und nicht vergleichbar mit der Lage vor Beginn der Entspannungspolitik.

Ein Blick in das Berliner Grundsatzprogramm der SPD vom 20. Dezember 1989 – siehe Anhang – zeigt, wie weit wir inzwischen von der aufgeklärten Vorstellung einer gemeinsamen Friedensordnung in Europa entfernt sind. Hier einige Zitate aus den Seiten 12 und 13 des Grundsatzprogramms:

»Ost und West haben den Versuch, Sicherheit gegeneinander zu errüsten, mit immer mehr Unsicherheit für alle bezahlt ...

Unser Ziel ist es, die Militärbündnisse durch eine europäische Friedensordnung abzulösen. ...

Der Umbruch in Osteuropa verringert die militärische und erhöht die politische Bedeutung der Bündnisse und weist ihnen eine neue Funktion zu: Sie müssen, bei Wahrung der Stabilität, ihre Auflösung und den Übergang zu einer europäischen Friedensordnung organisieren. Dies eröffnet auch die Perspektive für das Ende der Stationierung amerikanischer und sowjetischer Streitkräfte außerhalb ihrer Territorien in Europa. ...

Die Bundeswehr hat ihren Platz im Konzept gemeinsamer Sicherheit. Sie hat ausschließlich der Landesverteidigung zu dienen. ...

Die Europäische Gemeinschaft ist ein Baustein einer regional gegliederten Weltgesellschaft. Sie ist eine Chance für den Frieden und die soziale Demokratie. Ganz Europa muss eine Zone des Friedens werden.«

Wenn man das liest, dann begreift man, wie sehr sich die Welt inzwischen von den Hoffnungen entfernt hat, die sich nach dem Ende der Konfrontation in Europa eingestellt hatten. Das war ganz und gar nicht zwangsläufig. Die neue Konfrontation ist gewollt und sie dient zweifelhaften Zwecken. Die Rüstungsindustrie hat Interesse an einer neuen Konfrontation. Große wirtschaftliche Interessen wollen den Zugriff auf die Ressourcen in möglichst vielen Staaten der ehemaligen Sowjetunion. Die Konfrontation und die damit verbundene Schmähung der Russen gibt die Chance zur Selbstbeweihräucherung. Dabei wird dann gerne übersehen, wie miserabel es in einzelnen Staaten Europas zugeht und wie bedrängt und bedroht die Demokratie im Kern auch in den so genannten Reformstaaten ist. Es gibt keinen Grund, die EU als Sammelbecken demokratischer Musterschüler zu betrachten – zumal gerade wir Deutschen mit unseren südlichen Partnerländern nicht gerade pfleglich umgehen.

Auszug aus Berliner Grundsatzprogramm der SPD vom Dezember 1989

Grundsatzprogramm der Sozialdemokratischen Partei Deutschlands

Beschlossen vom Programm-Parteitag
der Sozialdemokratischen Partei Deutschlands
am 20. Dezember 1989 in Berlin

III. Frieden in gemeinsamer Sicherheit

Aufgabe Frieden

Die Menschheit kann nur noch gemeinsam überleben oder gemeinsam untergehen. Diese historisch beispiellosen Alternativen verlangen ein neues Herangehen an die internationalen Angelegenheiten, besonders an die Sicherung des Friedens. Der Krieg darf kein Mittel der Politik sein; dies gilt erst recht im Zeitalter atomarer, chemischer und biologischer Massenvernichtungswaffen. Frieden bedeutet nicht nur das Schweigen der Waffen, Frieden bedeutet auch das Zusammenleben der Völker ohne Gewalt, Ausbeutung und Unterdrückung. Friedenspolitik umfaßt auch Zusammenarbeit der Völker in Fragen der Ökonomie, Ökologie, Kultur und Menschenrechte. Eine Welt in Frieden erfordert das Selbstbestimmungsrecht für alle Nationen.

Friedenspolitik muß Machtkonflikte entschärfen, Interessenausgleich suchen, gemeinsame Interessen aufgreifen, dem Vormachtstreben der Weltmächte durch regionale Zusammenschlüsse entgegenwirken und Gegensätze zwischen Systemen, Ideologien und Religionen im friedlichen Wettbewerb und in einer Kultur des politischen Streits austragen.

Friedenspolitik muß die Vorherrschaft militärischer, bürokratischer und rüstungswirtschaftlicher Interessen brechen und Rüstungsproduktion in die Produktion ziviler Güter überführen.

Friedenspolitik muß sich auf Friedenserziehung und Friedensforschung stützen. Frieden zu schaffen ist nicht allein Aufgabe der Regierungen. Frieden braucht das weltweite Engagement der Menschen für Völkerverständigung, für den Abbau von Waffen und Feindbildern.

Massenvernichtungsmittel würden im Konfliktfall zerstören, was verteidigt werden soll. Wir wollen das System der militärischen Abschreckung überwinden und blockübergreifend Sicherheit organisieren. Dazu gehört, daß der Weltraum von Waffen frei bleibt. Wir setzen uns für eine weltweite Beseitigung aller Massenvernichtungsmittel ein. Die Bundesrepublik Deutschland darf atomare, biologische und chemische Waffen nicht herstellen, besitzen oder verwenden. Sie muß von Massenvernichtungsmitteln frei werden und darf auch keine Mitverfügung anstreben. Der Verzicht auf ABC-Waffen soll verfassungsrechtlich abgesichert werden.

Wir wollen die Dynamik der Aufrüstung brechen und eine Dynamik der Abrüstung in Gang setzen.

Unser Ziel ist es, den Export von Waffen und Rüstungsgütern zu verhindern.

Gemeinsame Sicherheit

Ost und West haben den Versuch, Sicherheit gegeneinander zu errüsten, mit immer mehr Unsicherheit für alle bezahlt.

Kein Land in Europa kann heute sicherer sein als der mögliche Gegner. Jeder muß also schon im eigenen Interesse Mitverantwortung übernehmen für die Sicherheit des anderen. Darauf beruht das Prinzip gemeinsamer Sicherheit. Es verlangt, daß jede Seite der anderen Existenzberechtigung und Friedensfähigkeit zubilligt.

Gemeinsame Sicherheit bewirkt Entspannung und braucht Entspannung. Gemeinsame Sicherheit will Bedrohungsängste abbauen und die Konfrontation der Blöcke überwinden.

Unser Ziel ist es, die Militärbündnisse durch eine europäische Friedensordnung abzulösen. Bis dahin findet die Bundesrepublik Deutschland das ihr erreichbare Maß an Sicherheit im Atlantischen Bündnis, vorausgesetzt, sie kann ihre eigenen Sicherheitsinteressen dort einbringen und durchsetzen, auch ihr Interesse an gemeinsamer Sicherheit. Der Umbruch in Osteuropa verringert die militärische und erhöht die politische Bedeutung der Bündnisse und weist ihnen eine neue Funktion zu: Sie müssen, bei Wahrung der Stabilität, ihre Auflösung und den Übergang zu einer europäischen Friedensordnung organisieren. Dies eröffnet auch die Perspektive für das Ende der Stationierung amerikanischer und sowjetischer Streitkräfte außerhalb ihrer Territorien in Europa.

Im Bündnis muß der Grundsatz gleicher Souveränität gelten. Das Bündnis muß verteidigungsfähig, defensiv und entspannungsbereit sein. Der politische Wille muß über Militärstrategie, Militärtechnik und wirtschaftliche Interessen der Rüstungsindustrie herrschen, nicht umgekehrt. Friede ist eine politische, keine waffentechnische Aufgabe.

Gemeinsame Sicherheit zielt auf die Abschaffung aller Massenvernichtungsmittel und eine drastische Verringerung und Umstrukturierung der konventionellen Streitkräfte bis hin zur beiderseitigen strukturellen Angriffsunfähigkeit. Der Prozeß dahin soll durch begrenzte einseitige Schritte und Signale beschleunigt werden. Dazu gehört die erhebliche Senkung der Rüstungsausgaben, der Abbau der Truppenstärken und ein allgemeiner Atomteststopp.

Atom- und chemiewaffenfreie Zonen in Europa dienen der gemeinsamen Sicherheit. Wir wollen solche Zonen schaffen und sie auf ganz Europa ausdehnen.

Die Bundeswehr hat ihren Platz im Konzept gemeinsamer Sicherheit. Sie hat ausschließlich der Landesverteidigung zu dienen. Ihr Auftrag ist Kriegsverhütung durch Verteidigungsfähigkeit bei struktureller Angriffsunfähigkeit. Die Struktur der Bundeswehr muß den Abrüstungsprozeß unterstützen und fördern. Die politische Führung der Bundeswehr obliegt allein der Regierung, ihre parlamentarische Kontrolle dem Bundestag.

Der Soldat bleibt auch in Uniform Staatsbürger. Wir bejahen die Bundeswehr und die Wehrpflicht. Wehrdienst für Frauen lehnen wir ab. Das Ziel von Friedenspolitik ist es, Streitkräfte überflüssig zu machen.

Wir achten das Engagement von Pazifisten, die für die Utopie einer gewaltfreien Völkergemeinschaft einstehen. Sie haben einen legitimen Platz in der SPD. Wir garantieren das Grundrecht auf Kriegsdienstverweigerung. Wir sind für die Abschaffung der Gewissensprüfung. Der Zivildienst darf nicht so gestaltet werden, daß er abschreckend wirkt oder für die Streitkräfte nutzbar gemacht werden kann.

Europäische Gemeinschaft und europäische Friedensordnung

Die Vereinigten Staaten von Europa, von den Sozialdemokraten im Heidelberger Programm 1925 gefordert, bleiben unser Ziel. Die demokratischen Staaten müssen ihre Kräfte bündeln, um sich selbst zu behaupten, aber auch, um auf eine gesamteuropäische Friedensordnung hinzuwirken.

Die Europäische Gemeinschaft ist ein Baustein einer regional gegliederten Weltgesellschaft. Sie ist eine Chance für den Frieden und die soziale Demokratie. Ganz Europa muß eine Zone des Friedens werden.

Die Europäische Gemeinschaft soll durch eine gemeinsame Außenpolitik dem Frieden dienen, ihren Völkern in den internationalen Beziehungen mehr Gewicht verleihen und der Konfrontation der Weltmächte entgegenwirken. Die historische Perspektive der EG liegt nicht darin, eine eigene Vormachtrolle zu übernehmen. Statt in militärischer Stärke findet sie ihre Identität als weltweit gefragter Partner für Handel und Industrie, für Technik und Wissenschaft, für eine intakte Umwelt und eine dauerhafte Entwicklung der Dritten Welt. Sie muß auch bereit sein, alle Demokratien Europas als Mitglied aufzu-

13

Wo war eigentlich Stalin?

9. Februar 2014/Rubrik: Aktuelle, ZDF /von Jens Berger

Ihrem Ideal zufolge dienen die Olympischen Spiele der Völkerverständigung. Kriege und Konflikte sollten während des Olympischen Friedens pausieren. Was das *ZDF* davon hält, konnten Millionen Zuschauer während der Eröffnungsfeier der Spiele in Sotschi verfolgen: nichts. Stattdessen glänzten Anne Gellinek und Wolf-Dieter Poschmann mit mal mehr, mal weniger kaschierter Hetze gegen das Gastgeberland.

Stellenweise wirkte die Eröffnungsfeier der XXII. Olympischen Winterspiele in Sotschi wie eine zweifelsohne gut gemachte Kopie der Eröffnungsfeier der letzten Sommerspiele in London. Sowohl die Briten als auch die Russen boten dem internationalen Publikum eine künstlerisch dargebotene Zeitreise durch die eigene Geschichte und Kultur. Naturgemäß betonten beide Gastgeber dabei ihre Schokoladenseite. Doch wenn zwei das Gleiche tun, ist es noch lange nicht dasselbe. Oder sollte man lieber sagen »Was dem Herrn geziemt, geziemt noch lange nicht dem Knecht«? Dies scheinen zumindest die beiden *ZDF*-Kommentatoren Gellinek und Poschmann so zu sehen. Gellineks größte Sorge war es nämlich, dass die Russen bei ihrer kulturellen Rückblende »*ihre dunkle Zeit*« ausgespart haben.

»*Wo war Stalin?*«, fragte sich Gellinek in der abendlichen Rückschau. Ja, wo war Stalin? Wo waren die Opfer des British Empire bei der Eröffnungsfeier in London 2012? Und wo waren die Millionen Opfer deutschen Größenwahns bei der Eröffnungsfeier in München 1972? Fragen über Fragen. Willkommen bei den »*Putin-Spielen*« (Zitat *ZDF*)!

Zugegeben: Es ist nicht besonders verwunderlich, dass der Haussender von Markus Lanz nicht viel mit einer Show anfangen kann, deren eigentliche Hauptdarsteller Borodin, Tolstoi, Rodtschenko und Malewitsch waren. Gerade wenn es um Wintersport geht, scheint das *ZDF* eher auf dem Anton-aus-Tirol-Niveau zu verharren. Die Hintergrundinformationen zum künstlerischen

Programm gingen jedenfalls nie über die ersten zwei Zeilen des dazugehörigen Wikipedia-Beitrags hinaus. Mehr passte wohl nicht auf die Moderationskärtchen. Dafür wissen Millionen Zuschauer nun ganz genau über die sexuelle Orientierung des Musik-Duos »t.A.T.u« Bescheid. Wen interessiert denn auch der Bildungsauftrag der öffentlich-rechtlichen Anstalten?

Dank Gellinek und Poschmann wissen die deutschen Zuschauer nun auch ganz genau, wer vielleicht so alles eine uneheliche Tochter von Wladimir Putin sein könnte. Dafür war anscheinend Platz auf den Moderationskärtchen. Und überhaupt – Putin! Obgleich der russische Präsident sich bei der Eröffnungsfeier auf das Aufsagen der Eröffnungsformel beschränkte, überstrahlte er die Kommentierung des *ZDF*. Was wurde nicht alles spekuliert. Höhepunkt des dümmlichen öffentlich-rechtlichen Gebrabbels war wohl die kecke Spekulation einer Korrespondentin, Putin selbst würde das Olympische Feuer entzünden. »*Leider*« enttäuschte Putin die deutschen Journalisten. Dafür applaudierte er »*zerknirscht*« (*ZDF*), als die deutschen Athleten einmarschierten. Warum »*zerknirscht*«? Wahrscheinlich war er eher peinlich berührt wegen des hochgradig albern bunten Outfits des deutschen Teams. Ach ja – das Outfit. Laut *ZDF* erinnerte der Papageienlook an eine Regenbogenfahne, die ja bekanntlich das Symbol der Homosexuellen ist. Na toll!

Jedes Mal, wenn beim Einmarsch der Athleten das dazugehörige Staatsoberhaupt auf der Ehrentribüne gezeigt wurde, lasen Gellinek und Poschmann pflichtgetreu von ihren Kärtchen ab, dass es angeblich »*große Proteste*« wegen ihres Erscheinens in Sotschi gab. Stimmt das? Mir ist zumindest nicht bekannt, dass es in den Niederlanden (Ministerpräsident Mark Rutte und das Königspaar waren anwesend) oder in Italien (Ministerpräsident Enrico Letta war anwesend) nennenswerte Proteste gegeben hat. Egal. Als offizieller deutscher Vertreter war übrigens ein gewisser Ralf Brauksiepe bei der Eröffnungsfeier anwesend – Brauksiepe ist, wie passend, Staatssekretär im Verteidigungsministerium. Dafür aber war wenigstens »*Altkanzler Herbert [sic!] Schröder*« (*ZDF*) da. Wenn das nichts ist?

Politik scheint ohnehin nicht zu den Interessengebieten der ZDF-Moderatoren zu gehören. So schoben Gellinek und Poschmann wieder einmal Russland unterschwellig die Verantwortung für den Georgienkrieg in die Schuhe (»*Es war bis zuletzt nicht klar, ob überhaupt ein georgischer Athlet anreist*«). Dafür herrschte jedoch beim ZDF-Duo-Infernale eisiges Schweigen, als die ukrainische Mannschaft vom russischen Publikum frenetisch begrüßt wurde. Dazu stand wohl auch nichts auf den Moderationskärtchen. Wie denn auch? Man musste sich schließlich in gebotener Ausführlichkeit auf Putin und Stalin vorbereiten, wobei der Letztere ärgerlicherweise noch nicht einmal vorkam.

Nun haben die Athleten das Wort und es ist zu wünschen, dass sie den Suggestivfragen der mit Mikrophonen bewaffneten kalten Krieger widerstehen. Wie dies gehen kann, zeigte die deutsche Fahnenträgerin Maria Höfl-Riesch. Auf die Suggestivfrage »*War schrecklich pompös, gell?*« antwortete sie souverän »*Eigentlich genauso wie in Vancouver und toll!*«. Da hatte wohl das ZDF vergessen, ihr das richtige Moderationskärtchen zu geben.

Wir brauchen eine neue europäische Friedensordnung

4. März 2014/Rubrik: Aktuelles, Frieden, Militäreinsätze/Kriege, Strategien der Meinungsmache /von Albrecht Müller

Das *heute journal* vom 3. März sendete ein Interview mit Egon Bahr. Auf die Frage danach, ob es Krieg geben werde, beruhigte Bahr die Gemüter mit dem Hinweis, wir bräuchten das Gas der Russen und die Russen wollten unser Geld. Bei aller Hochachtung für Egon Bahr – er verkennt die Eigendynamik der ideologischen Wiederaufrüstung, die Rolle der Propaganda und er übersieht die Gefährlichkeit und Dynamik der Destabilisierung.

Egon Bahr hatte als Mitarbeiter von Willy Brandt einen beachtlichen Anteil am Abbau der Konfrontation zwischen Ost und West. Es gab einige Grundgedanken dieser Entspannungspolitik, an die wieder erinnert werden muss, weil sie inzwischen sträflich vernachlässigt werden: sich in die Lage des anderen versetzen, Gewaltverzicht, Wandel durch Annäherung, Abbau der ideologischen Konfrontation und der Feindbilder.

1989 war – zunächst – das Jahr der Krönung dieser Politik. Die Mauer fiel, die führenden Kräfte der Sowjetunion und des Westens, Gorbatschow, Kanzler Kohl und all die anderen respektierten einander und verstanden sich. Der Warschauer Pakt wurde aufgelöst, so auch die Sowjetunion. Einzelne Völker gewannen ihre Selbstbestimmung. Das Ziel dieser Entwicklung war gerade von Egon Bahrs Partei, der SPD, eindeutiger als von anderen formuliert worden. Egon Bahr und ich als damaliger Sprecher der parlamentarischen Linken haben damals den einschlägigen Text für die Vorstandsvorlage zum Berliner Grundsatzprogramm der SPD vorbereitet. Dort lautet die einschlägige Passage:

»Unser Ziel ist es, die Militärbündnisse durch eine europäische Friedensordnung abzulösen. Bis dahin findet die Bundesrepublik Deutschland das ihr erreichbare Maß an Sicherheit im atlantischen Bündnis, vorausgesetzt, sie kann ihre eigenen Sicherheitsinteressen dort einbringen und durchsetzen, auch ihr Interesse an gemeinsamer Sicherheit. Der Umbruch in Osteuropa verringert die militärische und erhöht die politische Bedeutung der Bündnisse und weist ihnen eine neue Funktion zu: Sie müssen, bei Wahrung der Stabilität, ihre Auflösung und den Übergang zu einer europäischen Friedensordnung organisieren. Dies eröffnet auch die Perspektive für das Ende der Stationierung amerikanischer und sowjetischer Streitkräfte außerhalb ihrer Territorien in Europa.«

Das sind Träume geblieben: Der Warschauer Pakt wurde aufgelöst, die NATO nicht. Im Gegenteil. Sie wurde bis an die Grenzen des heutigen Russlands ausgedehnt. Die NATO wurde vom Verteidigungsbündnis zu einem Bündnis für militärische Interventionen außerhalb des NATO-Gebietes umgewidmet. Die Rüstungsinteressen und vermutlich auch die Interessen an wirtschaftlichen Ressourcen in verschiedenen Regionen der Welt waren stärker als unsere Träume vom Dezember 1989, so berechtigt diese Träume damals waren und bis heute sind.

Die ideologische Aufrüstung und die Pflege von Feindbildern sind neu betrieben worden

Man muss sich die Entwicklung in Bildern vorstellen. Damals, 1989 und 1990, gab es von Respekt und sogar Herzlichkeit geprägte gemeinsame Auftritte von Helmut Kohl, Willy Brandt und Gorbatschow, von Bahr und Falin, dem früheren Botschafter der Sowjetunion in der Bundesrepublik und Verhandlungspartner während der Phase der Entspannungspolitik. Der Abbau des Feindbildes hatte schon vorher in Deutschland eine über die Reihen der Sozialdemokraten hinausgehende Basis gefunden. Die Friedensbewegung hatte einen wichtigen Beitrag für diese militärische und ideologische Abrüstung geleistet. Auch CDU-Bundespräsident Richard von Weizsäcker hatte am 8. Mai 1985 ein grundsätzliches Bekenntnis zur Versöhnung mit dem Osten abgegeben.

Und dann kam alles anders. Das angesammelte Kapital wurde verspielt und der Kalte Krieg neu belebt. Die Welt wurde wieder aufgeteilt in zwei Blöcke: Wir hier im Westen sind die Guten, und dort – jenseits einer nach Osten verlegten Blockgrenze – sind die Russen, die Bösen. Und für sie gilt das alte Feindbild, wie es sich auf dem Unions-Plakat der fünfziger Jahre zeigte.

Mit anderem Text könnte es heute wieder verwendet werden. Jedenfalls wird der Geist dieser Agitation in der überwiegenden Mehrheit der deutschen Medien bei Berichterstattung und Kommentierung des Konflikts um die Ukraine deutlich wiederbelebt. Die Foren vieler Medien zeigen allerdings auch, dass es unter uns Deutschen viele Menschen gibt, die von der Wiederbelebung der Konfrontation nichts halten.

Trotzdem: Wir sind wieder am Anfang. Die Konfrontation in der Ukraine und um die Ukraine und der Umgang mit »den Russen« zeigen: Wir brauchen eine neue Entspannungspolitik. Notwendig sind vertrauensbildende Maßnahmen wie damals in den Sechzigern und Siebzigern, Gewaltverzicht und Verzicht auf De-Stabilisierung.

Das Vertrauen wurde gründlich verspielt

Versetzen Sie sich in die Lage der Russen:

Gorbatschow hatte die Hoffnung, dass es eine wirkliche Partnerschaft in Europa geben könne und dass Russland zu Europa gehöre. Aus der Sicht vieler Russen war auch damit die Aufgabe der Sowjetunion gerechtfertigt. Sie erlebten dann, wie ihr Land in Zeiten von Präsident Jelzin von westlichen Interessen und eigenen Oligarchen geplündert wurde. Die NATO wurde nicht – wie der Warschauer Pakt – aufgelöst. Stattdessen rückte sie an die russischen Grenzen heran. Am Beispiel Deutschlands wurde dann noch offensichtlich, wie aus einem Verteidigungsbündnis eine Einrichtung zur militärischen Intervention außerhalb des NATO-Territoriums wurde. Die USA errichteten mit Unterstützung der NATO neue Raketenstationen in osteuropäischen Ländern – angeblich gegen den Iran.

Die Russen mussten dann am Beispiel der Ukraine erleben, wie der Westen mit solchen Staaten und ihren zumindest formal demokratisch gewählten Regierungen umgeht, wenn ihm die Richtung nicht passt. Hier Beispiele für eine Kette von Provokationen:

❯ Die für die Ukraine zuständige Vertreterin der amerikanischen Regierung Nuland und der US-Botschafter in der Ukraine lassen in einem Telefongespräch freimütig erkennen, dass und wie sie über das politische Personal eines fremden Landes, im konkreten Fall der Ukraine, denken und disponieren.

» Die größte Regierungspartei der Bundesrepublik Deutschland guckt sich den ihr genehmen politischen Führer für das fremde Land, nämlich den Boxer Klitschko, aus und fördert diesen über ihre politische Stiftung, die Konrad-Adenauer-Stiftung.

» Die USA fördern mit Millionen den Aufbau von NGOs in der Ukraine und vermutlich auch der rechtsradikalen Schlägertrupps.

» Westliche Politiker heizen die Stimmung auf dem Maidan an.

» Die Europäische Union versucht die Ukraine in ihr Lager zu ziehen. Das hätte sie tun können, wenn sie gleichzeitig den Russen ein Angebot gemacht hätte. Warum eigentlich nicht, warum betreibt die Europäische Union die Trennung in »Europa hier« und »die Russen dort«? Es ist nicht der Auftrag der EU und ihrer Einrichtungen, an solchen Trennungslinien zu arbeiten und die Konfrontation neu aufzubauen. Und dennoch ist es geschehen, weil bei der Europäischen Union in solchen Fällen die ideologische Ausrichtung im Sinne des Neoliberalismus eine zentrale Rolle spielt.

» Die USA haben übrigens mit hoher Wahrscheinlichkeit auch die Ukraine für die Einrichtung eines Foltergefängnisses ihrer Geheimdienste genutzt – so wie in Litauen, in Rumänien, vermutlich in Polen. Der Zufall bringt mich auf diese Fährte: Ich habe einen jüngeren Freund, der aus der ehemaligen Sowjetunion hierher ausgesiedelt ist. In seiner Zeit beim sowjetischen Militär war er in einer Kaserne in der Ukraine stationiert. Vor fünf Jahren etwa wurde dann im Fernsehen genau diese Kaserne als aktuelles Gefängnis der USA in der Ukraine gezeigt.

» Der Umgang mit Putin in westlichen Medien ist eine einzige Provokation. Natürlich kann man sich und darf man sich für Russland einen lupenreinen Demokraten und Verfechter der Menschenrechte wünschen. Ich könnte mir auch eine angenehmere Person vorstellen. Aber tun wir das bei anderen Völkern auch? Wie sind wir mit Frau Thatcher umgegangen, die die Menschenrechte der weniger begüterten Briten missachtet und zum Beispiel Arbeitnehmervertretungen systematisch geschwächt hat? Wie gehen wir mit den Saudis und anderen Scheichtümern um? Haben wir gegen George W. Bush Sanktionen ergriffen, als dieser die Weltöffentlichkeit wegen seiner Absicht zur militärischen Intervention im Irak systematisch belogen hat? Was haben wir gegen die USA unternommen, als sie 1973 in Chile gegen einen demokratisch gewählten Präsidenten putschen ließen und das Land mit neoliberalen Experimenten der Chicagoer Schule überziehen halfen?

Der Wiederaufbau des Feindbildes Russland dient der Selbstbespiegelung des Westens

Die europäische Einigung ist ein wirklicher Fortschritt. Aber die EU in ihrer jetzigen Ausrichtung ist alles andere als das. Sie erweitert sich permanent und verspricht mehr, als sie halten kann. Tatsächlich geht es in weiten Teilen der Europäischen Union miserabel zu. Darauf haben wir schon verwiesen: Die Hälfte der Jugendlichen Griechenlands und Spaniens ist arbeitslos. Länder wie Slowenien, Rumänien, Kroatien, Portugal, Griechenland, Spanien, Italien, Frankreich stagnieren. Auch bei uns existiert das blühende Land vor allem in den Köpfen und in den Schlagzeilen der Medien und in den Exportbilanzen. Ansonsten? Die Infrastruktur ist marode, weite Regionen von Mecklenburg-Vorpommern bis zum nördlichen Ruhrgebiet sind in der Krise.

In dieser Situation hat die Aggression gegenüber den Russen eine wichtige propagandistische Funktion: Wir erscheinen besser, als wir sind.

Die Massenmedien in Deutschland erweisen sich in der jetzigen Krise in der Mehrzahl als undemokratisch und einseitig

Natürlich gibt es Ausnahmen. Aber während ich hier schreibe, heißt der neueste Artikel zum Thema bei *Spiegel Online*: »*Obama in der Krim-Krise. Der Rückzugspräsident*«.

Die politische Konstellation im Westen stimmt nicht gerade optimistisch

❭ Die SPD hat ihre mit Willy Brandt verbundene Tradition als Partei der Entspannung und des Sich-Vertragens zumindest ramponiert. Das zeigt das Verhalten und das Auftreten von Steinmeier. Jetzt gibt es Signale, man müsse mit den Russen reden. Ob diese Einsicht reicht, um an den früheren Konzeptionen und Erfolgen anzuknüpfen, ist fraglich.

❭ Die Grünen sind vermutlich die größte Enttäuschung. Sie haben Wurzeln in der Friedensbewegung und kümmern sich heute einen Dreck darum. Joschka Fischer hatte sich schon mit der amerikanischen Außenministerin Albright verbündet. Özdemir, Göring-Eckardt, Marieluise Beck bestimmen die antirussische Linie. Wenn man bedenkt, dass diese Partei ihre politische Stiftung nach Heinrich Böll benennt, dann kann man schon daran merken, welch ein Wandel sich dort vollzogen hat. Nebenbei: Es ist höchste Zeit, dass die Familie Böll diesen Verrat an dem großen Heinrich Böll beendet.

❭ Wir haben einen Bundespräsidenten, der in der entscheidenden Frage von Krieg und Frieden familiär vorbelastet ist. Bei ihm muss man den Eindruck gewinnen, dass er mit den Russen wegen der Internierung seines Vaters noch eine Rechnung offen hat und wir als Volk sozusagen die Geisel seiner persönlichen Problematik geworden sind.

❭ In Brüssel agiert ein NATO-Generalsekretär, der Däne Rasmussen, als neuer forscher Kriegsheld. Offenbar ist er überhaupt nicht mit einem Sinn für friedliche Lösungen ausgestattet.

❭ Die jetzige EU-Führung betrachtet die ideologische Wiederaufrüstung als ihre Mission. Das ständige Einklagen von »Reformen« bei allen möglichen und unmöglichen Gelegenheiten deutet auf die ideologische Basis hin. Da geht es um Privatisierung, Deregulierung, Staatsferne. Das ist ein ideologischer Ballast, mit dem man nur sehr schwer zu einer Abrüstung der geistigen Konfrontation schreiten kann. Die Europäische Union ist durch ihr Verhalten auch leider so sehr Partei geworden, dass sie bei der notwendigen Versöhnung keine große Rolle spielen können wird.

Die Gefahr eines Krieges ist – anders, als Egon Bahr das sieht – groß.

Die neue Konfrontation West-Ost. Wie geht es weiter?

Datum: 20. März 2014 /Rubrik: Aktuelles, Sachfragen / von Albrecht Müller

Bis hierher und nicht weiter – das ist der Grundtenor der Rede des russischen Präsidenten vom 18. März. Putin erläutert und begründet, warum sich Russland betrogen fühlt. Bei uns im Westen reagiert man mit Sanktionen und wie schon zuvor mit Scharfmacherei. Ausnahmen gibt es auch. Aber die Kräfteverhältnisse haben sich in Richtung Konfrontation verschoben, einschließlich der Wiederbelebung des Konzepts der Abschreckung statt der Zusammenarbeit in einem gemeinsamen Europa und der dafür notwendigen Vertrauensbildung und Abrüstung. Katalysator und Träger der neuen Konfrontation sind herausragende Personen von untereinander vernetzten Leitmedien und eine Fülle von Instituten, Vereinigungen, Stiftungen und PR-Agenturen.

Russland fühlt sich betrogen

Der russische Präsident hat in seiner Rede skizziert, wie sich die Abläufe nach dem Ende der Ost-West-Konfrontation aus seiner Sicht darstellen. Das entspricht dem, was ich als Mitarbeiter von zwei Bundeskanzlern, die für die Vertrags- und Entspannungspolitik verantwortlich waren, und als Bundestagsabgeordneter von 1987 bis 1994 miterlebt habe. Maßgebliche westliche Politiker versprachen ein Ende der Konfrontation zwischen West und Ost und eine gemeinsame europäische Friedensordnung. Stattdessen wurde die NATO bis an die Grenze Russlands ausgedehnt und auch die EU permanent erweitert, sozusagen als Vorhut der NATO-Ausdehnung.

Dadurch wird die Einverleibung der Krim nicht rechtens und unproblematisch. Aber sie erscheint in einem anderen Licht.

Die Einverleibung der Krim ist rechtlich problematisch. Aber es ist ziemlich unglaubwürdig, wenn nun Länder und Regierungen auf diesen Rechtsverstoß hinweisen, die Völkerrecht immer dann brechen, wenn es ihnen passt. Und die auch unrechtmäßig zustande gekommene Regierungen wie jene in Kiew anerkennen, ohne die rechtliche Lage geprüft zu haben.

Wir *NDS*-Macher haben den Bruch des Völkerrechts am Beispiel der Intervention im Irak und am Beispiel der militärischen Intervention im Kosovo-Krieg kritisiert. Die westliche Öffentlichkeit und veröffentlichte Meinung trugen mehrheitlich keine Bedenken gegen dieses rechtswidrige Vorgehen vor.

Putin hat die Entwicklung des Verhältnisses von Russland zur Ukraine und zur Krim und den Eindruck, betrogen worden zu sein, ausführlich skizziert und diese Skizze mit Spott und Ironie, aber vor allem mit Fakten gewürzt. Auch das macht die Rede lesenswert. Wenn Sie die Zeit dazu finden, dann sollten Sie das wirklich tun. Denn diese Rede sagt viel über die Zukunft Europas und darüber aus, wie wir mit dem wieder aufgebrochenen Ost-West-Konflikt umgehen sollten, wenn wir friedlich in Europa leben wollen. Es ist auch gut, die Rede gelesen zu haben oder sie sich anzuhören, wenn man die handelnden Personen in Russland und die Reaktion der Verantwortlichen im Westen richtig einschätzen will.

Es sei angemerkt, dass es auch andere Stimmen gibt, auch unter den Lesern der NachDenkSeiten. Eine Leserin schrieb mir heute zur Putin Rede: »*Sie ist Propaganda von vorne bis hinten. Schöne Worte.*« – So kann man das auch sehen. Nach meiner Einschätzung verbaut man sich damit eine wichtige Einsicht.

Ist Putin verrückt?

Putin wurde in den letzten Wochen in westlichen Medien als eine komische Figur und als nicht ganz zurechnungsfähig dargestellt. Das fand seinen vorläufigen Höhepunkt in mancher Berichterstattung über die Olympischen Spiele in Sotschi und jetzt beispielsweise in einem Beitrag der *Frankfurter Allgemeinen Sonntagszeitung* vom vergangenen Sonntag. Über fast eine ganze Seite wird dort als Aufmacher des Feuilletons vom russischen Autor Nikolai Klimeniouk und unter der Dachzeile »*Krim-Krise aus russischer Sicht*« zu belegen versucht: »*Putin ist verrückt*«. So der Titel des Artikels. Dann heißt es im Vorspann: »*Ihr im Westen versucht, hinter Putins Handeln eine Strategie zu entdecken. Ihr fragt euch, was sein legitimes Interesse sein könnte. Wir Russen wissen, dass da der blanke Wahnsinn am Werk ist.*«

Nun, lesen Sie die Rede und prüfen Sie den geistigen Gesundheitszustand des Vortragenden und machen Sie vor allem den Versuch, der Empfehlung des Autors zu folgen, keine Strategie in dieser Rede und der Politik der russischen Regierung und des russischen Präsidenten zu sehen. Sie werden scheitern. In der Rede wird sehr wohl eine Strategie offengelegt. Und wenn wir und unsere Regierenden nicht verrückt wären, dann würden wir diese Rede und auch die veränderte Strategie Russlands ernst nehmen und uns darauf einstellen.

Der Westen hat verlernt, sich in die Lage anderer zu versetzen

Die Europäische Union beschließt Sanktionen, die teils lächerlich sind, teils schaden. In jedem Fall vergiften sie die Atmosphäre und bestätigen die Moskauer Hardliner. Die Bundeskanzlerin macht dabei mit. NATO-Generalsekretär Rasmussen sieht in dem Anschluss der Halbinsel Krim an Russland einen »*Weckruf*« für die transatlantische Gemeinschaft. »*Dies ist die größte Bedrohung für Europas Sicherheit und Stabilität seit dem Ende des Kalten Krieges*«, hieß es in einer seiner Reden. Es gehe nicht nur um die Ukraine, sondern um den Versuch Russlands, »*die Uhr zurückzudrehen*«. Es wolle neue Grenzen auf den Karten ziehen, Märkte monopolisieren und Bevölkerungen unterwerfen, berichtet die *Welt*. Rasmussen spricht im Blick auf Moskau von »*globalen Rüpeln*«. So kann man die Nachbarn in Europa auch sehen. Die Konsequenz wird sein, dass weiter gerüstet wird. Das ist vermutlich das, was NATO-Generalsekretär Rasmussen auch will und wozu er berufen ist

Die Konsequenz ist außerdem, dass die Erweiterungspolitik der Europäischen Union wie auch der NATO fortgeführt wird. Und besonders schlaue Leute wie das Kommissionsmitglied Oettinger verkünden, wir im Westen könnten uns auch unabhängig machen von den Gas- und Öllieferungen Russlands. Was als friedensstiftend gedacht war, nämlich die wirtschaftliche Abhängigkeit voneinander, soll nun abgebaut werden

Dies alles ist das Gegenteil dessen, was getan werden müsste, wollte man die Chance, zu einer Politik der Zusammenarbeit in einem einigen Europa zurückzukehren, überhaupt noch irgendwo zu ergreifen versuchen.

Wer die Rede Putins liest, weiß, dass dafür im Westen eine politische Wende notwendig wäre:

❭ Es wäre nötig, Vertrauen neu zu schaffen, wo dieses verloren gegangen ist.

> Es wäre dazu notwendig, einzugestehen, dass es falsch ist und falsch war, Russland einzugrenzen und ihm mit NATO und EU immer näher zu rücken, und

> dass es falsch sein wird, Destabilisierungspolitik auch gegenüber Russland zu betreiben bzw. fortzusetzen.

Die Rede Putins enthält einen bemerkenswert offenen Text zu diesem Thema. Ich zitiere:

»Wir werden es mit Sicherheit auch mit äußeren Gegenmanövern zu tun bekommen, doch wir müssen für uns selbst entscheiden, ob wir dazu bereit sind, unsere nationalen Interessen konsequent zu verteidigen, oder ob wir sie mehr und mehr aufgeben und uns wer weiß wohin zurückziehen. Manche westlichen Politiker schrecken uns bereits nicht nur mit Sanktionen, sondern auch mit der Perspektive einer Verschärfung der inneren Probleme. Es wäre interessant zu erfahren, was sie damit meinen: Aktivitäten einer gewissen ›Fünften Kolonne‹ – also verschiedener ›Vaterlandsverräter‹ – oder rechnen sie damit, dass sie die soziale und wirtschaftliche Lage Russlands verschlechtern können und damit eine Unzufriedenheit der Menschen hervorrufen? Wir betrachten solche Verlautbarungen als unverantwortlich und offen aggressiv und werden entsprechend darauf reagieren. Dabei werden wir selbst niemals nach einer Konfrontation mit unseren Partnern – weder in Ost noch in West – streben; ganz im Gegenteil, wir werden alles Notwendige unternehmen, um zivilisierte, gutnachbarliche Beziehungen aufzubauen, so, wie es sich in der heutigen Welt gehört.«

Entscheidend ist, ob der Westen bereit wird sein, das Rollback und die dafür eingeplante Destabilisierung aufzugeben. Es sieht nicht danach aus. Der Westen ist in dieser Frage gespalten, in einigen Variationen:

> Es gibt jene, die das Ziel, die »Kommunisten«, die sie dort immer noch wirken sehen, obwohl sie alles andere als Kommunisten sind, zu besiegen, eh nie aufgegeben haben.

> Es gibt jene, die Rechnungen offen haben wie die Polen, die Balten, die Tschechen und einige aus der ehemaligen DDR.

> Es gibt jene, die zur eigenen Überhöhung die Konfrontation brauchen – je übler der Gegner dargestellt wird und aussieht, umso mehr kann man sich als glänzend darstellen.

> Es gibt finanzielle Interessen am militärischen Konflikt, jedenfalls an der Konfrontation.

> Es gibt jene, die das Ende der Ost-West-Konfrontation nicht der Verständigungspolitik, sondern der Hochrüstung und der Destabilisierung im Osten zurechnen. Symbolhaft ist die These, die polnische Gewerkschaftsbewegung Solidarność habe das Ende des Ost-West-Konflikts bewirkt, nicht die Entspannungspolitik.

Die Stimme der Vernunft gibt es, aber sie ist schwach

Es gibt natürlich immer noch viele, die das anders sehen, die sich noch daran erinnern, wie die Konfrontation war: Bahr, Genscher, Kohl, Schröder, Lafontaine und andere. Sie kommen aus verschiedenen Parteien, aber sie sind alt oder wie Schröder diskreditiert. Die Menschen dieser Generationen, denen der Krieg, der Kalte Krieg und die Methode der atomaren Abschreckung noch in den Knochen stecken, sterben langsam aus.

Und dennoch bleibt uns angesichts der Gefahren nichts anderes übrig, als bei den Jüngeren für diese Sicht der Dinge zu werben. Wir wollen nicht zurück in die Ausgangssituation von 1948: dort der böse Russe, hier das gute Abendland. Und beide halten sich durch militärische und letztendlich atomare Abschreckung so in Schach, dass der Friede erhalten bleibt. Das ist teuer, das ist riskant, das blockiert eine gedeihliche innere Entwicklung.

Es ist ja verständlich, dass die Polen, die Balten, die Tschechen, die Ungarn usw. nicht sonderlich begeistert sind von Russland und den Russen. Aber notwendig ist das nicht. Diese Völker haben nicht nur schlechte Erfahrungen mit Russland gemacht, sondern auch mit den Deutschen.

Eine solche Steigerung von Propaganda schien mir bis vor kurzem undenkbar

1. April 2014 / Rubrik: Aktuelles, Strategien der Meinungsmache / von Albrecht Müller

Diese Feststellung ist kein Aprilscherz. Auch die Meldung von *t-online.de* »*Wladimir Putin will auch Finnland und Georgien annektieren*« war nicht als Witz gedacht. Bundesfinanzminister Schäuble zieht derweil vor Schülern öffentlich »*Parallelen zwischen der Annexion der Krim durch Wladimir Putin und dem Anschluss des Sudetenlandes durch Adolf Hitler*«. Schäuble erklärte den Schülern zudem, wie es zur Besetzung der Krim durch Russland kam: »*Irgendwann hat sich das zugespitzt und dann hat der Putin gesagt, eigentlich wollte ich sowieso schon immer die Krim.*« Weder Schäuble noch *t-online* regen sich gleichzeitig jedoch über die Planung eines Überfalls der Türkei auf Syrien auf.

Der unglaubliche Vorgang in der Türkei wird kleingeredet

Wenn Sie diese beiden Vorgänge vergleichen – die absurde Behauptung, Putin wolle Finnland annektieren, und die reale Planung des türkischen Außenministers, einen Anlass für eine militärische Intervention selbst zu schaffen –, dann erkennen Sie leicht, wie heruntergekommen die deutschen Medien und die deutsche Politik inzwischen sind. Eine gute Beschreibung des Vorgangs in der Türkei und der Reaktion der deutschen Medien finden Sie hier im *Freitag*:

»*NATO-Land Türkei plant Überfall auf Syrien*
Desinformation | NATO-Land Türkei plant mit Hilfe einer False-Flag-Aktion einen Überfall auf Syrien und die gleichgeschaltete deutsche Presse macht Erdogans YouTube-Sperre zur Headline. In den letzten Tagen haben wir darüber berichtet, dass die gleichgeschalteten deutschen Medien vollkommen spekulativ mit einer herbeifantasierten Bedrohung der baltischen Staaten, Polen oder gar Ost-Deutschlands durch Russland Stimmung machten. ...«

Schäuble äußert sich **dazu** nicht, obwohl Deutschland über die Partnerschaft mit der Türkei in der NATO wie auch konkret über die Stationierung von Patriot-Raketen direkt von einem solchen »getürkten« Angriff betroffen wäre. Auch die Mehrheit der deutschen Medien schweigt.

Der verschwiegene Werbefeldzug der NATO in der Ukraine

Und weil es nicht in das Konzept gegen Russland passt, wird in unseren Medien auch nicht über den Werbefeldzug für einen Beitritt zum NATO-Bündnis berichtet, der in der Ukraine schon vor dem letzten Regierungswechsel gelaufen ist. Allein in der *FAZ* wurde am 27. März unter der Überschrift »*Liebe Schulkinder, liebe Kulturträger*« im Feuilleton berichtet: »*Die NATO veranstaltet in der Ukraine einen grandiosen Werbefeldzug für einen Beitritt zum Bündnis. Darüber freuen sich auch Nationalkünstler.*«

Beim Thema Manipulation sind wir hoffnungslos gespalten

Wir beobachten ständig Manipulationsvorgänge. Dies zu tun und zu fördern, war der Grund für die »Erfindung« der *NachDenkSeiten*. Wir haben solche Vorgänge bei der Agenda 2010 und der Privatisierung der Altersvorsorge beobachtet, bei der Umfirmierung der Finanzkrise in eine Staatsschuldenkrise und der Heiligsprechung der Exportüberschüsse. Jetzt, beim Thema Krieg und Frieden, scheiden sich die Geister nach meinem Eindruck noch mehr als bei den früheren Kampagnen und Manipulationsvorgängen.

Der Preis der Freiheit – Gasstreit zwischen der Ukraine und Russland

15. April 2014 / Rubrik: Außen- und Sicherheitspolitik, Außenpolitik / von Jens Berger

Für die meisten deutschen Medien ist die Sache klar: Da die Ukraine sich nun dem Westen in die Arme wirft, droht Russlands Präsident Putin »uns« nun mit einem Gasstopp. So schrieb es beispielsweise die *Bild*-Zeitung in der letzten Woche und auch seriösere Medien teilen diese Lesart. Die Wirklichkeit ist – wie so oft – jedoch um einiges komplizierter. Fest steht, dass irgendwer das viele Gas bezahlen muss, das die Ukraine aus Russland bezogen hat und auch noch über lange Zeit beziehen wird. Die europäischen Steuerzahler stehen hierbei auf der Liste der potenziellen Zahlmeister ganz weit oben, wobei sowohl die Bevölkerung als auch die Industrie der Ukraine schon jetzt zu den kommenden Verlierern zählen.

Will Putin uns das Gas abdrehen? Nein, natürlich nicht. Bei der aktuellen Wiederauflage des russisch-ukrainischen Gasstreits geht es – vereinfacht gesagt – darum, dass Russland künftig der Ukraine den 2009 verhandelten Importpreis für seine Gaslieferungen in Rechnung stellen will. Dieser Preis existierte bis dato eigentlich nur auf dem Papier. De facto zahlte die Ukraine anstatt der vertragsgemäßen 485 Dollar im letzten Jahr nur 268 Dollar pro 1 000 Kubikmeter Erdgas aus Russland. 100 Dollar Rabatt wurden der Ukraine als Pacht für die Marinestützpunkte auf der Krim gewährt. Diese Preisminderung ist nun hinfällig. Der Rest der Differenz war nach russischer Lesart eine Subvention des ökonomisch kränkelnden Brudervolkes. Doch dies ist bestenfalls die halbe Wahrheit. In der Tat stellte die Subvention vielmehr eine Art Wohlverhaltensprämie dar. Solange die Ukraine nicht offen mit Russland bricht und mit der EU ein Assoziierungsabkommen abschließt, war Russland bereit, sich diese Freundschaft auch etwas kosten zu lassen. Auch diese Preisminderung ist nun hinfällig.

Dass die Ukraine, genauer gesagt der staatseigene ukrainische Gasmonopolist Naftogaz, hohe Schulden bei Russland, genauer gesagt dem staatlich kontrollierten russischen Gasmonopolisten Gazprom, hat, ist nichts Neues. Seit Russland 1994 angefangen hat, seine Energieexporte in die anderen GUS-Staaten marktwirtschaftlich zu definieren und Geld zu verlangen, hat die Ukraine Gasschulden bei Russland. Seit diesem Zeitpunkt gibt es auch regelmäßig Vorfälle, bei denen die Ukraine Gas aus den Transitleitungen, das für den Westen bestimmt ist, illegal entnimmt. 2001, 2006, 2008 und 2009 führten diese Konflikte zu den sogenannten »Gasstreits« zwischen den beiden Ländern. Heute befinden wir uns in der fünften Auflage dieses Gasstreits und im Grunde genommen sind die Konfliktlinien ähnlich wie bei den vorangegangenen Streitigkeiten.

Gazprom hat ein berechtigtes Interesse daran, die momentan offenen Gasschulden in Höhe von 2,2 Milliarden Dollar einzutreiben. Die Naftogaz hat jedoch kein Geld, um ihre Schulden zu begleichen und sieht sich auch nicht in der Lage, die Verpflichtungen aus den laufenden Lieferungen zu begleichen. Daher vertritt Russland den eigentlich verständlichen Standpunkt, dass die neuen Freunde der Ukraine nun auch die Gasimporte des Landes bezahlen sollten. Dies teilte Putin letzte Woche auch den EU-Staatschefs mit, Er fügte hinzu, dass Russland auf mögliche illegale Gasentnahmen der Ukraine, die für den Westen bestimmt sind, mit einer Reduzierung der Einspeisung reagieren würde. Die Botschaft: Wenn die Ukraine Gas klaut, dann klaut sie dies nicht Russland, sondern dem Westen. Es ist erstaunlich, dass die deutschen Medien hier Ross und Reiter nicht beim Namen nennen und Russland wieder einmal für Dinge verantwortlich machen, die bei näherer Betrachtung von der Ukraine zu verantworten sind.

In der Vergangenheit eskalierten die Gasstreitigkeiten zwischen Russland und der Ukraine immer dann, wenn in Kiew eine pro-westliche Regierung am Ruder war. In Zeiten eher pro-russischer Regierungen in Kiew gab es hingegen auch bei den Gasstreits meist eine Entspannung. Nun ist es freilich mehr als unwahrscheinlich, dass Kiew in nächster Zeit wieder eine pro-russische Regierung haben wird. Der Gasstreit wird also aller Voraussicht nach an Intensität zunehmen und es ist nicht davon auszugehen, dass Russland von seinen Preisvorstellungen abweicht. Wer soll nun bitte schön die Rechnung bezahlen?

Wenn die ukrainische Bevölkerung und die ukrainische Industrie die Preiserhöhungen voll übernehmen müssten, so wie dies unter anderem vom IWF gefordert wird, käme dies einer wirtschaftlichen Katastrophe gleich. Den Menschen fehlt schlichtweg das Geld, um derartige Energiekosten zu zahlen, und große Teile der Wirtschaft sind (nicht nur) in puncto Energieeffizienz immer noch in der sowjetischen Tonnenideologie stecken geblieben. Dank langjähriger massiver Subventionen auf den Gaspreis sind sie auf eine Anpassung an den Weltmarktpreis nicht vorbereitet. Betriebsschließungen, verbunden mit Massenarbeitslosigkeit, sind da eine durchaus realistische Perspektive. Wäre man zynisch, könnte man dies als den »Preis der Freiheit« bezeichnen.

Wie sehen die Alternativen aus? Die Ukraine könnte ebenfalls den Einsatz erhöhen und die russischen Preiserhöhungen mit Erhöhungen der Transitgebühren kontern. Dann würden die Energieverbraucher im Westen zur Kasse gebeten – nicht nur aus diesem Gesichtspunkt war es eine gute Entscheidung, mit der Nordseepipeline eine (fast) direkte Energietrasse zwischen Deutschland und Russland zu bauen. Die Ukraine unabhängig von russischen Erdgaslieferungen zu machen, ist keine realistische Alternative. Wo soll denn das Gas herkommen? Allenfalls Iran käme hier als Konkurrent für Russland in Frage. Der Westen hat jedoch kein Interesse daran, Iran wirtschaftlich aufzuwerten. Hinzu kommt, dass der Bau einer Pipeline Jahrzehnte dauern und Milliarden kosten würde. Der vielfach ins Spiel gebrachte »Re-Export« russischer Gaslieferungen aus Deutschland oder Ungarn ist längst Praxis, aber nur in einem sehr begrenzten Maßstab technisch möglich. Hinzu kommt auch hier die Haftungsfrage. Wer garantiert einem Konzern wie der RWE die Verbindlichkeiten aus der Ukraine? Bliebe die Steigerung der Energieeffizienz in der Ukraine. Dieser Schritt ist ohnehin längst überfällig, jedoch ebenfalls nicht in wenigen Monaten umzusetzen.

Für den Westen ist diese Situation höchst grotesk. Die nun fließenden Geldströme werden zu einem großen Teil über den Umweg Kiew direkt nach Moskau fließen, um die ukrainischen Schulden und die Verpflichtungen aus laufenden Verträgen zu decken. Das ukrainische Volk hat davon nichts – im Gegenteil, durch die gestiegenen Preise und die zu erwartende Wirtschaftskrise wird es wohl schon bald seine Vorliebe für den Westen ernsthaft in Frage stellen. Und was kommt dann? Die Rechtsradikalen stehen bekanntlich schon in den Startlöchern.

Die Gewinner der Ukraine-Krise

7. Mai 2014 / Rubrik: Aktuelles, Audio-Podcast, Interessenverflechtungen / von Jens Berger

Neben den Rüstungskonzernen zählt eine weitere Branche zu den Gewinnern des vom Westen angefeuerten neuen Ost-West-Konflikts. Den großen Ölkonzernen war es stets ein Dorn im Auge, dass Europa einen großen Teil seiner Energie aus Russland importiert. Gestern einigten sich die Energieminister der G7-Staaten in Rom auf einen gemeinsamen Maßnahmenplan, um die Abhängigkeit von russischem Erdgas mittel- bis langfristig zu reduzieren. Obgleich ein solches Vorhaben vollkommen unrealistisch ist, scharren vor allem in den USA bereits die großen Ölkonzerne mit den Hufen, die liebend gerne ihr Fracking-Gas in der EU verkaufen würden. Den Preis dafür werden die Energieverbraucher in Europa zahlen.

Raus aus der Abhängigkeit! Aber wie?

Dass es in Mittel- und Osteuropa den Wunsch gibt, einen Teil der Gasimporte aus Russland durch Lieferungen aus anderen Ländern zu ersetzen, ist nicht unbedingt neu. Der letzte große Masterplan wurde 2007 von Deutschland gestartet – auch damals hieß die Kanzlerin Merkel und der Außenminister Steinmeier. Unter deutscher Ratspräsidentschaft startete die EU unter dem Schlagwort »*neue EU-Ostpolitik*« einen diplomatischen Großangriff auf die Energiereserven Zentralasiens. Steinmeier und »EU-Außenminister« Solana gaben sich in jenen Tagen bei den »lupenreinen Despoten« in Turkmenistan, Usbekistan und Kasachstan gegenseitig die Klinke in die Hand. Genützt hat es ihnen nicht viel. Russland und China schnappten den Europäern damals sprichwörtlich die Lieferverträge vor der Nase weg und damit war die EU dazu verdammt, auch weiterhin in die russische Röhre zu schauen.

Sich von der Abhängigkeit russischer Gaslieferungen zu verabschieden, ist nicht so einfach, wie es sich auf den ersten Blick anhören mag. Erdgas kann nur dann zu einem vertretbaren Preis importiert werden, wenn es einen realistischen und vor allem bezahlbaren Transportweg gibt. 15 Staaten stehen für 84 Prozent der heutigen Erdgasförderungen und die vorhandenen Vorkommen, die sich in geographischer Nähe der EU befinden (Nordsee, Algerien), liefern bereits heute nahezu ausschließlich in die EU und eignen sich daher nicht, russische Lieferungen zu ersetzen.

Die zentralasiatischen Staaten verfügen über reichlich Erdgas, das per Pipeline in den EU geliefert werden könnte. Das kleinere Projekt Trans-Adriatic-Pipeline (TAP) wird auch in der Tat ab 2018 Gas aus Aserbaidschan nach Griechenland, Albanien und Italien liefern. Dafür ist das Großprojekt Nabucco, mit dem sich die EU von Russland unabhängig machen wollte, trotz politischer Lobbyarbeit durch Joschka Fischer mit Ach und Krach gescheitert. Durch die in den letzten Jahren abgeschlossenen langfristigen Lieferverträge an Russland und China fallen die zentralasiatischen Staaten als Alternative zu Russland aus.

Als einzig halbwegs realistische Alternative zu Russland bieten sich Katar und Iran an, die gemeinsam das South-Pars-Gasfeld ausbeuten, das als die größte Erdgaslagerstätte der Welt gilt. Der Bau einer Pipeline zum Persischen Golf ist jedoch teuer und politisch heikel – zumal Iran Ziel von EU-Sanktionen ist und der Irak, der als Transitland unvermeidbar ist, nicht eben als sicher gilt. Auch ideologisch ist die Suche nach Alternativen zu russischem Gas eine interessante Frage. Verglichen mit den möglichen Alternativlieferanten von Erdgas (Aserbaidschan, Turkmenistan, Kasachstan, Iran, Katar) ist Russland in der Tat eine schon fast lupenreine Demokratie.

Teure Alternativen

Russische Erdgaslieferungen lassen sich somit nicht durch Gaslieferungen aus anderen Staaten per Pipeline ersetzen. Theoretisch wäre es jedoch möglich, die leitungsgebundenen Lieferungen aus Russland durch Gaslieferungen mit Tankern aus weit entfernten Regionen zu ersetzen. Praktisch hat die Sache jedoch einen Haken. Der Transport per Tanker ist nur dann ökonomisch denkbar, wenn das Erdgas zuvor hoch komprimiert wurde. Hier kommt die Verflüssigung von Gas (LNG) ins Spiel. Dabei wird das Gas auf mehr als −160°C abgekühlt, was nicht nur sehr energieintensiv, sondern auch sehr kostspielig ist. Der Bau einer Verflüssigungsanlage samt Infrastruktur für den Transport mit Tankern kostet mehrere Milliarden Euro, jeder Tanker erhöht die Kosten um mehr als 200 Mio. Dollar pro Stück. Die immensen Investitionskosten müssen vom Kunden getragen werden. Russisches Gas durch LNG-Importe zu ersetzen wäre zwar – rein theoretisch – möglich, jedoch ökonomischer Wahnsinn.

Vor allem von Seiten der USA wird dennoch bereits seit Jahren international kräftig die Werbetrommel für LNG-Lieferungen in die EU gerührt. Dafür gibt es einen guten Grund. Durch den Fracking-Boom verfügen die USA über ein Überangebot an Gas, das krisenbedingt kaum mehr Abnehmer findet, wodurch der Preis fast ins Bodenlose fiel. Nennenswerte Exporte in die EU würden den Preis stabilisieren und damit die Investitionskosten der großen Erdgasförderer, die zugleich auch die größten Erdölkonzerne sind (z.b. Exxon, Chevron, BP), retten. Selbstverständlich wären auch die Lieferungen in die EU ganz sicher nicht zum wirtschaftlichen Nachteil dieser Konzerne. Wichtig ist jedoch hervorzuheben, dass Fracking-Gas – wenn man einmal die Folgekosten ignoriert – zwar vor Ort sehr preisgünstig ist, der Transport in ferne Regionen es jedoch extrem teuer macht. Die Zeche müsste, wie meist, der europäische Endabnehmer zahlen. Und wenn man bedenkt, dass eine theoretische vollständige Substitution der russischen Gaslieferungen durch LNG-Importe Kosten in Billionenhöhe mit sich bringen würde, kann einem da nur angst und bange werden.

Wessen Interessen vertreten die G7?

Es ist erstaunlich, wie gering die ökonomische Vernunft bei den Vertretern der G7 ausgeprägt ist, wenn es um russische Gaslieferungen geht. Wer ein Abkommen unterschreibt, das mittelfristig eine Stärkung der LNG-Importe vorsieht, schwächt damit sein eigenes Land und handelt entgegen der eigenen Interessen. In wessen Interesse handeln die G7-Energieminister? Im Interesse von Exxon, Chevron und BP? Oder im Interesse ihrer Wähler?

Es passt da ins Bild, dass die Regierungen, deren Politik offenbar von den Interessen der Ölkonzerne beeinflusst wird, auch die Regierungen sind, die in der Ukraine besonders eifrig an der Eskalationsschraube drehen. Die Frage, ob es da womöglich einen Zusammenhang gibt, muss jeder Leser wohl für sich selbst beantworten.

Die Gewinner der Ukraine-Krise II

14. Mai 2014 / Rubrik: Aktuelles, Audio-Podcast, Interessenverflechtungen / von Jens Berger

Am Montag vermeldete der ukrainische Energiekonzern Burisma eine Personalie mit besonderer Bedeutung: Hunter Biden soll künftig als neues Vorstandsmitglied den Konzern in rechtlichen Fragen beraten und in internationalen Gremien vertreten. Hunter Biden ist der Sohn des US-Vizepräsidenten Joseph Biden und Burisma hat starke wirtschaftliche Interessen im Süden und Osten der Ukraine. Selbst im schmutzigen Öl- und Gasgeschäft kommt es selten vor, dass die politische Klasse derart schamlos persönliche Interessen verfolgt. Wie lange wollen wir uns das noch gefallen lassen?

Burisma wurde im Jahr 2002 gegründet und nahm während der Regierungszeit Julia Timoschenkos im Jahr 2006 seinen operativen Betrieb auf. Die Firma hat ihren Sitz in der zypriotischen Stadt Limassol. Über den eigentlichen Geschäftszweck dieses Unternehmens, das Förderlizenzen für Erdgas in drei ukrainischen Regionen besitzt, kann bestenfalls spekuliert werden. Die jüngere Geschichte der Ukraine ist reich an dubiosen Energieunternehmen, deren eigentlicher Zweck die Bereicherung von korrupten Politikern und hohen Beamten ist. Auch Julia Timoschenko baute ihren sagenhaften Reichtum mit dubiosen Gasgeschäften mit ihrem – ebenfalls in Zypern registrierten – Unternehmen EESU auf.

Vorstandsvorsitzender von Burisma ist seit 2013 Alan Apter, der seit den Neunzigern für Merrill Lynch und später für Morgan Stanley in leitender Position für den osteuropäischen Markt zuständig war. Apters Geschäft besteht vor allem darin, ehemals staatliche Betriebe im Auftrag seiner Geldgeber »marktreif« zu machen. Dafür werden die Betriebe zerschlagen und die Filetstücke werden weit unter Wert von westlichen Finanzkonzernen übernommen und dann mit einem sagenhaften Gewinn an andere westliche Konzerne verkauft oder an die Börse gebracht.

Ebenfalls neu im Burisma-Vorstand ist Devon Archer, ein Yale-Absolvent, der als Partner verschiedener New Yorker Kanzleien bestens mit dem Finanzsektor vernetzt ist. Archer war 2004 bei den US-Präsidentschaftswahlen leitender Berater von John Kerry und gilt seitdem als einer der wichtigsten Wahlkampffinanziers der Demokraten. Hunter Biden, der – neben zwei zypriotischen Strohmännern – den Burisma-Vorstand komplettiert, ist ebenfalls Yale-Absolvent, Jurist und namhafter Wahlkampffinanzier der Demokraten im Allgemeinen und seines Vaters im Speziellen.

Wem Burisma gehört, ist leider nicht bekannt. Das Firmenkonstrukt einer zypriotischen Limited ist nun einmal auf größtmögliche Diskretion und kleinstmögliche Steuerlast ausgelegt. Mehr als erstaunlich ist jedoch das Wachstum der Fördermenge von Burisma, die sich in den letzten drei Jahren mehr als verfünffacht hat und sich laut eigenen Aussagen im nächsten Jahr noch einmal verdoppeln soll. Heute fördert Burisma 10,5 Millionen Kubikmeter Gas pro Tag und verkauft sie ausschließlich an die ukrainische Industrie. Dies entspricht einem Jahresumsatz von 1,5 Milliarden US-Dollar. Devon Archer vergleicht Burisma bereits mit »*Exxon in seinen alten Tagen*«.

Burisma profitiert einerseits so sehr wie kaum ein anderer Konzern von der Ukraine-Krise, die die Gaspreise für Burismas Kunden förmlich explodieren ließ. Andererseits stellen die separatistischen Bewegungen im Süden und Osten des Landes jedoch auch eine große Gefahr für das Unternehmen dar. Das Fördergebiet im Azow-Kuban-Becken ist Burisma durch den Anschluss der Krim an Russland bereits verloren gegangen und das Dnjeper-Donezk-Becken befindet sich zum großen Teil mitten in den östlichen Regionen, in denen sich die Separatisten vom Zentralstaat lösen wollen.

Es ist ungeheuerlich, dass der Sohn eines US-Vizepräsidenten, der sich massiv in die Entwicklungen in der Ukraine einmischt, geschäftlich an der Krise verdient und wirtschaftliche Interessen an den künftigen Entwicklungen in der Ukraine hat. Einen derartigen Interessenkonflikt gab es seit den Tagen von Rumsfeld und Cheney nicht mehr. In jedem anderen Land würde man derartige

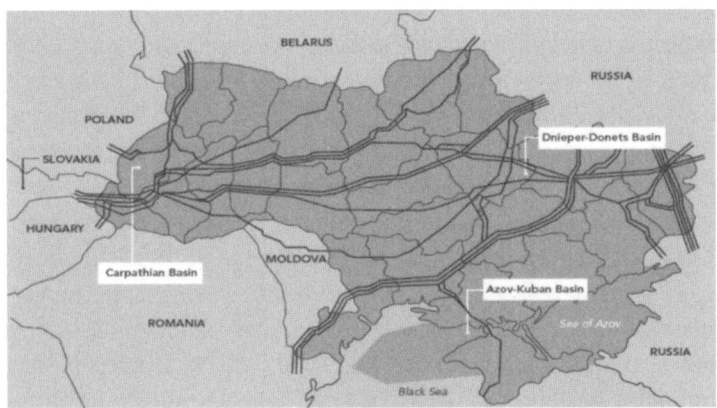

Quelle: *Burisma*

Praktiken wohl – zu Recht – als Kleptokratie bezeichnen. Und was sagt die Presse dazu? Sie schweigt.

Die Gewinner der Ukraine-Krise III

14. Mai 2014 / Rubrik: Aktuelles, Interessenverflechtungen / von Jens Berger

In meinem Artikel »Die Gewinner der Ukraine-Krise II« fragte ich mich, wer die Besitzer des ukrainischen Energiekonzerns Burisma sind und verwies darauf, dass es wohl unmöglich sei, das Geflecht aus Offshore-Firmen und Holdings zu entwirren. Das ukrainische *Anticorruption Action Center* hat dies offenbar im Sommer 2012 zumindest zum Teil geschafft.

»But, Burisma changed owners last year: instead of Zlochevsky and Lisin, the company was taken over by a Cypriot off-shore enterprise called Brociti Investments Ltd. Pari and Esko-Pivnich also changed their address: they moved from Kateryny Bilokur Street to 10a Ry-lyeyeva Stree in Kyiv. A third company was already waiting for them in the same building – the above-mentioned Ukrnaftoburinnya [...]

According to the SMIDA state system, 90% of Ukrnaftoburinnya is owned by a Cypriot company, Deripon Commercial Ltd. [...] In fact, the end owner of Deripon Commercial Ltd. is a company based in the British Virgin Islands – Burrad Financial Corp. This company has often been involved in various financial schemes of the Privat Group and especially with Ihor Kolomoisky.«

Igor Kolomojskij ist kein Unbekannter. Er gilt als drittreichster Ukrainer, hat sich in den letzten Monaten massiv mit Putin überworfen und wurde von der Kiewer Zentralregierung zum Gouverneur der Region Dnjepropetrowsk ernannt. Kolomojskij besitzt neben der ukrainischen auch die israelische Staatsbürgerschaft und lebte noch bis vor kurzem im Exil in Genf und gilt als Unterstützer Julia Timoschenkos – wohl nicht zuletzt, weil er während ihrer Amtszeit durch nicht immer zweifelsfreie Geschäftsmethoden zu seinem Reichtum kam.

Es ist sehr gut möglich, dass er die Amerikaner mit ins Boot geholt hat, um sich – gegen eine ordentliche Beteiligung von Biden und amerikanischen Fonds – als großen Krisengewinnler ins Spiel zu bringen. Mit von der Partie ist übrigens laut Recherchen des US-Portals *Buzzfeed* auch ein namhafter Europäer: der ehemalige polnische Präsident Alexander Kwasniewski. Nach Informationen eines polnischen Nachrichtenportals hat Kwasniewski dies heute Nachmittag bereits bestätigt.

Auch diese Personalie ist höchst verstörend, gehörte Kwasniewski doch zusammen mit dem Iren Pat Cox zu den Ukraine-Sondergesandten des Europäischen Parlaments, die ganz maßgeblich an der Eskalation der Krise mitgearbeitet haben. Dass Kwasniewski nun offenbar für seine treuen Dienste fürstlich entlohnt wird, ist ein weiterer handfester Skandal.

Auch wenn viele Details noch im Dunklen liegen, steht bereits jetzt fest, dass hier etwas ganz gewaltig stinkt. Während im Osten und Süden des Landes Menschen sterben, sind pro-westliche ukrainische Oligarchen zusammen mit engen Familienangehörigen des Weißen Hauses und europäischen Scharfmachern dabei, das Land auszuplündern. »Auftrag ausgeführt«, mag man da nur sagen.

Ist Europas Energiesicherheit durch Russland oder durch die Ukraine bedroht?

18. Juni 2014 / Rubrik: Energiepolitik, Interessenverflechtungen, Länderberichte / von Jens Berger

Nachdem die Verhandlungen im Gasstreit zwischen Russland und der Ukraine einmal mehr gescheitert sind, hat Russland die Lieferungen in sein Nachbarland einstweilen eingestellt. Teile der deutschen Medien schwadronieren vor diesem Hintergrund wieder einmal von einem Gaskrieg gegen Europa und stellen die Russen als Aggressor dar. Doch dieses Bild hat mit der Realität nicht viel zu tun und läuft vor allem auf die Promotion der Förderung von Schiefergas – dem sogenannten »Fracking« – hinaus.

Stellen Sie sich bitte einmal folgende Situation vor: Sie teilen sich mit Ihrem Nachbarn ein Doppelhaus. Da das Haus früher nur von einer Partei bewohnt wurde, liegt der Hauptanschluss für den Strom jedoch im Keller ihres Nachbarn. Der Strom für Ihre Haushälfte zweigt vom Anschluss ihres Nachbarn ab – freilich haben Sie jedoch einen eigenen Zähler. Nun weigert sich Ihr Nachbar seit mehreren Monaten, seinen Strom zu zahlen. Als Kompromiss bieten die Stadtwerke ihm an, die Altschulden zu stunden, dafür aber fortan nur noch gegen Vorkasse zu liefern. Ihr Nachbar lehnt diesen Kompromiss jedoch ab, worauf ihm der Strom abgestellt wird. Ihr Nachbar sitzt jedoch nun nicht im Dunkeln, sondern zweigt stattdessen den Strom, den er benötigt, von Ihrer Durchgangsleitung ab. Sollen Sie doch seinen Stromverbrauch bezahlen. Wer ist in diesem Szenario nun der Bösewicht? Der Stromversorger? Oder Ihr Nachbar?

Die Ukraine will nicht zahlen

Im Gasstreit zwischen Russland, der Ukraine und der EU sehen die Fronten ganz ähnlich aus. Die neue Regierung in Kiew weigert sich, die Gaslieferungen des staatseigenen ukrainischen Gaskonzerns Naftogaz zu begleichen. Von den Gaslieferungen seit November wurde bislang nur ein Bruchteil beglichen. Gazprom beziffert die Außenstände auf 4,5 Milliarden Dollar. Als Kompromiss hat Russland der Ukraine angeboten, den Gaspreis um 100 Dollar zu senken und einstweilen nur die Rechnungen für November und Dezember 2013 zu stellen. Die Ukraine schlug den Kompromiss jedoch aus und Gazprom stellte die Lieferungen daraufhin – wie zuvor angekündigt – auf ein Prepaid-Modell um. Da die Ukraine sich jedoch weigert, Gas per Vorkasse zu bezahlen, ist die Umstellung gleichbedeutend mit einem Lieferstopp.

Still und heimlich haben die Ukrainer ihre Gasreserven in den letzten Monaten – freilich ohne dafür zu bezahlen – auf 14 Milliarden Kubikmeter ausgebaut. Wenn man diese Reserven und Rückimporte aus der EU (deren Bezahlung ebenfalls unwahrscheinlich ist) mit einbezieht, dürfte die Gasversorgung der Ukraine bis Dezember dieses Jahres gesichert sein. Spätestens ab diesem Zeitpunkt steht die Ukraine jedoch vor der Alternative, die Bevölkerung frieren und die Industrie auf Sparflamme laufen zu lassen oder das benötigte Gas zu klauen.

Die Ukraine importiert jedes Jahr rund 30 bis 40 Milliarden Kubikmeter Gas aus Russland. Im gleichen Zeitraum strömen jedoch auch mehr als 80 Milliarden Kubikmeter Gas durch die Pipelines auf ukrainischem Gebiet, das für Endkunden in der EU bestimmt ist. Bereits beim Gasstreit 2008/2009 bediente sich die Ukraine mehr oder weniger ungeniert am Gas aus den Transitleitungen und blockierte zweitweise sogar die Lieferungen nach Südosteuropa komplett.

Die EU wird die Zeche zahlen – so viel ist klar

Auch in diesem Winter könnte es für Südosteuropa Probleme bei der Versorgung mit russischem Gas geben, wenn die Ukraine sich wieder selbst an den Transitleitungen bedient. Die Rechnung wird – komme es, wie es wolle – ohnehin die EU übernehmen. Dies gestand gestern bereit der österreichische Wirtschaftsminister Mitterlehner in einem *ORF*-Interview ein. EU-Energiekommissar Oettinger sagte in diesem Zusammenhang, die Hilfen für Athen seien im Vergleich zu Kiews Bedarf »Peanuts«. Und damit dürfte er recht haben. Um die Energiesicherheit der Ukraine bei anhaltend nicht vorhandener Zahlungsbereitschaft Kiews zu sichern, hat die EU zwei Alternativen: Entweder sie übernimmt die monatlich in Kiew auflaufenden Gasrechnungen aus Russland oder sie investiert in alternative Versorgungsmodelle, wie beispielsweise Flüssiggasterminals. Setzt man allerdings voraus, dass die Ukraine auch denkbare Flüssiggaslieferungen, die um einiges teurer als russisches Erdgas sind, nicht bezahlen will/kann, so dürfte eine Übernahme der Rechnungen aus Moskau für die EU wohl die preiswertere Variante sein.

Bereits heute steht fest, dass die EU-Intervention in den innerukrainischen Konflikt und vor allem die einseitige Positionierung auf Seiten der Russland-Gegner die Steuerzahler der EU-Staaten sehr teuer zu stehen kommen wird. Auch die Energiekunden werden für diese Politik noch teuer zur Kasse gebeten werden, da die EU bereits an sehr teuren Programmen zur Reduzierung der Abhängigkeit von russischen Energieimporten arbeitet. Der Haken bei der Sache ist jedoch, dass diese Alternativen (z.B. LNG-Importe aus den USA und Katar), der Ausbau der erneuerbaren Energien und eine Ausweitung des Fracking nicht nur sehr teuer sind, sondern auch zahlreiche sehr riskante Nebenwirkungen haben.

Was bei sachlicher Betrachtung ökonomischer Irrsinn ist, hat jedoch auch seine Befürworter. Warum manipulieren die deutschen Medien bei diesem Thema? Warum wird ständig der Eindruck erweckt, Deutschland werde über die Gaslieferungen von Russland erpresst? Man darf nicht vergessen, dass ein derart großer Markt wie die Energieversorgung auch Begehrlichkeiten weckt.

»Noch vor der Sommerpause« will die Bundesregierung ein neues »Fracking-Gesetz« beschließen. Selbstverständlich wird Fracking nun von seinen Befürwortern als goldener Ausweg aus der Energieabhängigkeit von Russland propagiert. Oder um es anders zu sagen: Um Fracking in Deutschland durchzudrücken, braucht es den Popanz der russischen Erpressung. Denken Sie bitte daran, wenn Sie demnächst in Ihrer Zeitung oder Ihren TV-Nachrichten wieder einmal etwas vom bösen Russen hören, der uns das Gas abdrehen will.

Yukos-Urteil: Startschuss zum Wirtschaftskrieg?

29. Juli 2014 / Rubrik: Länderberichte / von Jens Berger

Das gestrige Urteil des Ständigen Schiedshofs in Den Haag ist gleich in vielfacher Hinsicht eine Bombe: Die Richter gaben einer Gruppe von Anteilseignern des mittlerweile zerschlagenen russischen Ölkonzerns Yukos recht und verurteilten den russischen Staat zu einer Entschädigungszahlung in Rekordhöhe von etwas mehr als 50 Milliarden US-Dollar. Sollte das Urteil rechtskräftig werden, droht ein Wirtschaftskrieg, der die ohnehin schon fragilen Ost-West-Beziehungen vollends ruinieren würde. Der Schaden wäre auf beiden Seiten enorm, während allein eine Handvoll russischer Exil-Oligarchen sich die Hände reibt.

Um was ging es beim Schiedsgerichtsverfahren in Den Haag?

Bei der Zerschlagung des Yukos-Konzerns ging es nicht immer mit rechten Dingen zu. Mit der Abwicklung dieses privaten Ölmultis verfolgte Russlands Präsident Putin vor allem das Ziel, die russische Energiewirtschaft vor Übernahmen durch westliche Multis zu schützen. Dieses Ziel hat er erreicht, doch der Zweck heiligt nicht immer die Mittel. Dies ist zumindest die Ansicht der drei Richter des Ständigen Schiedshofs in Den Haag, den die heutigen Inhaber der alten Unternehmensanteile als Kläger angerufen haben. Da die russische Regierung Yukos mit voller Absicht in den Ruin getrieben hat, ist sie nun – nach Ansicht der Richter in Den Haag – dazu verpflichtet, den Geschädigten eine Ausgleichszahlung in Höhe von 50,08 Milliarden US-Dollar zu zahlen.

Dass es bei der Zerschlagung von Yukos nicht immer mit rechten Dingen zuging, bestreitet noch nicht einmal die russische Seite ernsthaft. Schlussendlich ging es im Schiedsverfahren vielmehr um die rechtliche Grundlage der Klage. Ohne internationale Rahmenverträge wären die Kläger gezwungen, sich an russische Gerichte zu wenden – ein wohl hoffnungsloses Unterfangen. Daher setzten die Kläger auch darauf, diesen Fall auf Basis internationaler Abkommen zu bewerten. Konkret ging es um den »*Energiecharta-Vertrag*« (Energy Charter Treaty/ECT). Auf Basis dieses Vertrags wäre Russland in der Tat zu Entschädigungszahlungen verpflichtet. Russland hat diesen Vertrag zwar 1994 unterschrieben, aber nie ratifiziert, da man sich mit der EU nicht auf ein gemeinsames »*Transitprotokoll*« zum ECT einigen konnte. Russland hatte jedoch zuvor erklärt, den ECT bis zur Einigung provisorisch anzuwenden. Dies reichte den Richtern offensichtlich, um Russland auf Basis eines Vertrags, der zwar unterzeichnet und in Teilen auch angewendet, aber nie offiziell ratifiziert wurde, zu verurteilen.

Wer ist Kläger, wer Beklagter?

Obgleich in den deutschen Medien meist der ehemalige Yukos-Eigner Michail Chodorkowski als »*Sieger*« von Den Haag bezeichnet wird, hat Chodorkowski mit dem Schiedsverfahren streng genommen gar nichts zu tun. Er hat seine Anteile 2005 für eine unbekannte Summe an seinen ehemaligen Vize Leonid Nevzlin verkauft. Nevzlin, der Russland verlassen hat und mittlerweile israelischer Staatsbürger ist, werden zahlreiche Verbrechen vorgeworfen – 2008 wurde er in Russland in Abwesenheit wegen eines von ihm beauftragten Mordes zu lebenslanger Haft verurteilt. Ihm gehören über Tochtergesellschaften in Zypern und der Isle of Man 70 Prozent der alten Anteile an Yukos. Damit ist Nevzlin der eigentliche Sieger des Schiedsverfahrens. Neben ihm dürfen sich auch noch Platon Lebedew, ein weiterer Vizepräsident, der zusammen mit Chodorkowski begnadigt wurde, zwei andere ehemalige Yukos-Manager, die allesamt im Ausland leben, und ein Pensionsfonds, dem 10 Prozent der Anteile gehören, freuen.

Ist das Urteil rechtskräftig?

Sollte Russland binnen dreier Monate keinen Widerspruch einlegen, wird der Schiedsspruch rechtskräftig. Da es keine »zweite Instanz« gibt, müsste Russland den Schiedsspruch nun vor einem niederländischen Gericht anfechten. Dies ist jedoch nur dann erfolgversprechend, wenn beim Schiedsverfahren maßgebliche Verfahrensfehler begangen wurden. Sobald der Schiedsspruch rechtskräftig wird, hat Russland rund sechs Monate Zeit, die Entschädigungssumme zu bezahlen. Sollte Russland dies nicht tun, haben die Kläger einen Vollstreckungstitel in der Hand, mit dem sie ihre Ansprüche in den 150 Ländern, die das »New Yorker Übereinkommen über die Anerkennung und Vollstreckung ausländischer Schiedssprüche« ratifiziert haben, geltend machen können.

Wie geht es nun weiter?

Zunächst wird Russland – so viel ist sicher – Widerspruch gegen den Schiedsspruch einlegen. Experten halten es jedoch für unwahrscheinlich, dass die niederländischen Zivilgerichte der russischen Argumentation folgen. Daher ist es nicht auszuschließen, dass die russische Regierung hinter den Kulissen einen Vergleich mit den Klägern sucht, der eine wesentlich geringere Entschädigungssumme vorsieht. Sollte es zu keinem derartigen Vergleich kommen, droht ein handfester Konflikt. Mit ihrem Vollstreckungstitel können die Kläger weltweit (s.o.) russisches Eigentum beschlagnahmen lassen. Wie dies aussehen kann, hat der Münchner Baukonzern Walter Bau im Juli 2011 demonstriert, als er das Privatflugzeug des thailändischen Kronprinzen auf dem Münchner Flughafen beschlagnahmen und pfänden ließ, da Thailand ein Schiedsgerichtsurteil nicht befolgte. Das Gesetz sähe in diesem Falle vor, dass russisches Auslands-Staatsvermögen vollstreckbar wäre – dies betrifft freilich nicht hoheitliche Vermögenswerte wie Botschaften, die der diplomatischen Immunität unterliegen. Fraglich ist, ob ausländische Vermögenswerte russischer Staatsunternehmen, die nicht zu hundert Prozent in staatlichem Besitz sind (was die Regel ist), vollstreckbar sind. Hier werden die lokalen Gerichte wohl das letzte Wort haben.

Wirtschaftskrieg ante portas

Vollstreckbare Forderungen in Höhe von 50 Milliarden US-Dollar wären wohl ein Traum der Falken (im Westen wie in Russland), die auf eine Konfrontation aus sind. Dies wäre der Beginn einer endlosen »Tit-for-Tat-Orgie«, bei der es keine Gewinner, sondern nur Verlierer gibt. Als »Vorbild« kann hier der Streit um das Öl- und Gasfeld Sachalin II gelten. Nachdem der britisch-niederländische Shell-Konzern Royal Dutch Shell die russische Seite nach allen Regeln der »Kunst« über den Tisch gezogen hatte, entdeckte

Russland – mit tatkräftiger Hilfe von Greenpeace – Umweltprobleme bei Sachalin II. Das russische Umweltamt verdonnerte Shell zu einer Strafe in Höhe von 30 Milliarden US-Dollar – exakt die Summe, die Shell nach Ansicht der russischen Seite beim Deal ergaunert hatte. Gewinner gab es bei der ganzen Affäre keine – die 30 Milliarden US-Dollar wechselten nur zweimal ihren Besitzer, der Schaden für die bilateralen Wirtschaftsbeziehungen lässt sich jedoch nur schwer beziffern.

Sollte das Urteil von Den Haag dereinst vollstreckbar werden, könnte dies der Beginn einer weiteren Eskalationsspirale sein, bei der westliche und russische Akteure sich gegenseitig ihre Vermögenswerte wegpfänden, ohne dass eine der beiden Seiten unter dem Strich etwas gewinnt. Dafür gibt es zahlreiche Verlierer. Vor allem der deutschen Wirtschaft, die im internationalen Vergleich die größten Direktinvestitionen in Russland vorweisen kann, drohen in diesem Szenario Verluste. Die einzigen Gewinner von Den Haag – wenn man sie so nennen kann – sind einige Exil-Oligarchen, die sich die »Vermögenswerte«, um die es im Schiedsverfahren ging, ergaunert haben. Um die Herkunft des Vermögens ging es beim Verfahren übrigens nicht. Da stellt sich natürlich die Frage, warum vor allem die deutsche Presse den Schiedsspruch mit einer derartigen Häme und Schadenfreude kommentiert. Anscheinend passt der Spruch so gut ins momentan vorhandene Anti-Russland-Klima, das niemand sich ernsthafte Gedanken über die Folgen macht. Und auch das entspricht leider durchaus dem Zeitgeist.

8 Kriegstreiberei auf höchster Ebene
Gauck und Co. machen Stimmung für den Ernstfall

Hundert Jahre nach dem Beginn des Ersten Weltkrieges arbeiten unsere »Eliten« mehr denn je daran, den Waffengang als Mittel der Politik zu beschönigen. Deutschland soll endlich wieder »Verantwortung« in der Welt übernehmen; friedliche Mittel zur Konfliktbewältigung sind nicht mehr gefragt.

Spießbürgerliche Klischees und Unwahrheiten: Mehr »Verantwortung«, mehr Militäreinsatz

3. Februar 2014 / Rubrik: Aktuelles, Das kritische Tagebuch / von Albrecht Müller

Man kann die Rede des Bundespräsidenten vor der Sicherheitskonferenz in München drehen und wenden, wie man will, sie hat eine zentrale Botschaft: Deutschland soll sich in den Krisen und Konflikten dieser Welt mehr engagieren. Das meint: militärisch engagieren – auch wenn dies immer wieder in Nebensätzen relativiert wird. Man kann davon ausgehen, dass diese Rede mit der Bundesregierung abgesprochen ist. Außenminister Steinmeier hat sich parallel dazu ähnlich geäußert: »*Deutschland ist eigentlich zu groß, um Weltpolitik nur von der Außenlinie zu kommentieren.*«

Gaucks Rede enthält viele Aussagen und Fragen, die erkennen lassen, in welchen Klischees und Denkmustern sich der Bundespräsident bewegt. Wenn Sie sich das antun wollen, dann lesen Sie die Rede. Sie tun aber dann gut daran, sich quasi bei jedem Satz zu fragen: Was sagt er eigentlich wirklich? Gaucks Sprache besteht oft aus Sprachsignalen, die als Stimmungsträger gedacht sind und nicht als logisch nachvollziehbare Aussagen.

Schon die einseitige und – wie ich finde – nach Lobby und Korruption riechende Konstruktion der Sicherheitskonferenz hätte den Bundespräsidenten davon abhalten sollen, in München zu erscheinen.

Die Sicherheitskonferenz ist eine private Einrichtung. Sie wird unter anderem finanziert von der Rüstungsindustrie und Lieferanten der Bundeswehr, wie zum Beispiel der Linde AG. Außerdem finanzieren verschiedene Stellen der Bundesregierung diese private Sicherheitskonferenz – insgesamt mit über einer Million Euro. Und, kaum zu glauben, die Bundeswehr stellt etwa 330 Soldaten für allerlei Dienstleistungen. In den Gremien, die das Programm und die Einladung von Personen bestimmen, ist die Bundesregierung allerdings nicht vertreten. Chef der Sicherheitskonferenz ist mit Ischinger ein früherer Botschafter und heutiger Lobbyist des Versicherungskonzerns Allianz.

Unterstellt, Bundespräsident Gauck hätte ein Grundbewusstsein für demokratischen Anstand, dann würde er einer solch undemokratischen und korrupten Konstruktion nicht durch seine Anwesenheit den Segen erteilen. Diese Kritik gilt allerdings auch anderen, zum Beispiel Helmut Schmidt und Egon Bahr, die an einer anderen Runde im Rahmen der Sicherheitskonferenz teilgenommen haben.

Gegen meine Kritik könnte man einwenden, sie sei kleinlich, außerdem diene die Sicherheitskonferenz deutschen Interessen, weil viele ausländische Ministerpräsidenten, Staatsoberhäupter und Minister anwesend seien. Rechtfertigt das die Würdigung einer Lobbyveranstaltung? Rechtfertigt das die einseitig rechtskonservativ und militärisch geprägte Richtung der Sicherheitskonferenzen? Rechtfertigt die Anwesenheit ausländischer Politiker die

Beschädigung und Erosion demokratischer Gepflogenheiten? Diese beginnt in kleinen Schritten. Was in München jährlich passiert, sind große Schritte. Dort und nicht vom Volk und dem Parlament wird jährlich wesentlich bestimmt, in welche Richtung sich die Außen- und Sicherheitspolitik entwickeln soll. Außerdem: Mit der finanziellen Beteiligung der Rüstungswirtschaft enthält die wichtigste Botschaft des Bundespräsidenten, »Verantwortung« durch militärisches Eingreifen verstärkt wahrzunehmen, ihre besondere Bedeutung: der Bundespräsident lässt sich zum Cheflobbyisten der Rüstungswirtschaft machen.

Die Rüstungswirtschaft hat ein großes Interesse an Konflikten und militärischen Interventionen. Sie hat auch ein großes Interesse an der Wiederbelebung des Ost-West-Konfliktes.

Bundespräsident Gauck erweist sich als Partner dieser Anliegen. Er wirbt für Interventionen, notfalls militärischer Art. Und er pflegt – quasi in jedem Halbsatz – die Trennung in einen »guten« heilen Westen mit seinen angeblich demokratischen Werten sowie dem Einsatz für Menschenrechte und den anderen Teilen der Welt, den eher bösen, quasi immer mitgedacht: Russland.

Als Lobbyist der Rüstungswirtschaft gibt sich Gauck auch in Nebensätzen zu erkennen.

Er behauptet, über die Ausrichtung der NATO würden wir seit Jahren debattieren, »*ihrer finanziellen Auszehrung werfen wir uns nicht entgegen*«. Wegen dieses Halbsatzes hat sich der Einsatz der Rüstungswirtschaft für die Münchner Sicherheitskonferenz schon gelohnt. Die Forderung nach Erhöhung des Rüstungsetats hat den Segen des Bundespräsidenten.

Eines der wesentlichen Grundmotive in der Rede des Bundespräsidenten ist die Vorstellung, dass Deutschland noch keine Verantwortung in der Welt wahrgenommen hat. Das stimmt nicht, zeigt aber einmal mehr, dass dieser Bundespräsident wichtige Teile der Geschichte der Bundesrepublik aus seiner Wahrnehmung ausblendet.

Wir kennen das schon: Im Weltbild des Herrn Gauck kommt die Friedenspolitik der Bundesregierung in den sechziger und siebziger Jahren nicht und schon gar nicht als politische Leistung vor. Nach Gauck gab es nicht die Strategie des »Wandels durch Annäherung« zum Abbau der Konfrontation zwischen Ost und West. Es gab weder Willy Brandt mit seiner Ostpolitik noch Helmut Schmidt mit der Fortsetzung dieser Politik in der Konferenz für Sicherheit und Zusammenarbeit in Europa (KSZE). Es gab auch nicht die Nord-Süd-Kommission unter dem Vorsitz des früheren deutschen Bundeskanzlers Brandt. Auch die engagierte Hilfe deutscher Bundesregierungen zum Beispiel zur Befreiung von den Obristen in Griechenland und den Diktaturen in Spanien und Portugal gab es nicht. Gauck tut so, als habe es internationale Verantwortung deutscher Bundesregierungen nicht gegeben. Das ist nicht nur der bei Gauck übliche Tritt gegen Sozialdemokraten, sondern auch ein Tritt gegen Helmut Kohl, der beim Abbau der Konfrontation mit der Sowjetunion und dem Warschauer Pakt eine aktive Rolle gespielt hat.

Die Missachtung dieses wichtigen Aspektes der deutschen Geschichte ist Ausdruck einer neuen Spießigkeit, deren oberster Repräsentant der Bundespräsident ist.

Gauck behauptet übrigens auch an einer Stelle, dass die Entwicklungspolitik eine neue Aktivität sei. Wörtlich:

»Seit der Wiedervereinigung hat sich Deutschland auf den Weg gemacht. Schritt um Schritt wird die Bundesrepublik von einem Nutznießer zu einem Garanten internationaler Sicherheit und Ordnung: Ich nenne erstens die Entwicklungszusammenarbeit.«

Wenn der frühere Entwicklungsminister Erhard Eppler, der auf diesem Feld wirklich Breschen geschlagen hat, den Text von Gauck liest, dann muss er sich die Augen reiben. Und sein Vorgänger Hans-Jürgen Wischnewski dreht sich im Grabe herum. Gaucks Blick reicht offenbar nur bis zum Entwicklungshilfeminister Niebel von der FDP. Selbst die erste militärische Intervention, die Beteiligung der Regierung Schröder am Kosovo-Krieg, hat der Bundespräsident vergessen, wenn er insinuiert, Deutschland habe noch keine militärische »Verantwortung« in der Welt übernommen.

Der Trick zur Begründung neuer Verantwortung und notfalls militärischer Intervention: Alles ist neu

Rundherum habe sich alles tiefgreifend verändert. Das sei eine der großen Herausforderungen unserer Zeit. Das sind übrigens die gleichen Vokabeln, die bei der Einführung der Agenda 2010 Pate stehen mussten.

Der Wandel vollziehe sich mit hoher Geschwindigkeit. Die Beschwörung des Altbekannten werde künftig nicht ausreichen. – Das sind alles nur Sprüche. Aber sie erfüllen ihren Zweck.

Begründung für die Verstärkung des Engagements – außenpolitisch und militärisch: Wir sind zu groß, um nicht mitzuspielen. Mitmachen, um mitzugestalten. Wir müssen »Verantwortung« wahrnehmen. Wir dürfen nicht »Drückeberger der Weltgemeinschaft« sein, usw.

Auch das sind nur Sprüche, allerdings mit hohem Potenzial, um an den Stammtischen Eindruck zu schinden. Es gibt kleine Länder, die dank der Qualität und Fantasie ihrer Politiker oder dank ihrer Lage und Geschichte eine große Rolle in der Weltpolitik gespielt haben und spielen. Schweden zum Beispiel. Oder auch die Schweiz – nicht nur als Fluchtort der Steuerhinterzieher, sondern als Drehscheibe und Heimat internationaler Einrichtungen. Auch Deutschlands früherer Einfluss auf die Entwicklung zwischen Ost und West hatte mit seiner Größe nur wenig zu tun.

Bei Gauck spielt die Grundannahme, wir im Westen seien die Guten und hätten eine Art Mission, eine zentrale Rolle.

Zu diesem Zweck beschönigt der Bundespräsident die Lage unseres Landes und Europas. »*Dies ist ein gutes Deutschland, das beste, das wir kennen.*« Er macht damit, wie immer, Reklame für die herrschenden Parteien. Das ist ein durchgehender Grundzug

Gaucks. Die Realität eines beachtlichen Teils unseres Volkes wie auch die noch schlimmere Realität der Menschen in anderen Teilen Europas nimmt er nicht wahr oder nicht ernst. Nicht die Arbeitslosigkeit. Nicht die Tatsache, dass gut ausgebildete junge Menschen von ihrem Heimatland in andere Länder Europas oder der Welt auswandern müssen, um Arbeit zu finden. Gauck schwadroniert über die weiterhin drohende Krise vieler Banken hinweg.

Gauck blendet aus, dass die westlichen Demokratien über weite Strecken in der Gefahr stehen, ihre Substanz zu verlieren, dass dort wirtschaftliche und publizistische Macht und nicht das Volk bestimmt, wo es langgeht, dass Gruppen mit viel Geld und halb faschistischen Thesen – wie etwa die Tea Party in den USA – die offene demokratische Meinungsbildung beschädigen.

Er blendet aus, dass Freiheit und Menschenrechte wegen der wirtschaftlichen Sorgen und Schwierigkeiten oft nur noch formal gelten – auch wegen der Bespitzelung durch unseren US-amerikanischen Partner und die eigenen Dienste. Bezeichnend ist Gaucks Behauptung, unsere Verbündeten hätten »*bei der elektronischen Gefahrenabwehr über das Ziel hinausgeschossen*«. So kann man die Machenschaften der NSA einschließlich der Industriespionage auch charakterisieren: »über das Ziel hinausgeschossen«.

Internationale Verantwortung hieße vor allem, Krisenprävention zu betreiben, Konflikte rechtzeitig zu mindern, Konfliktparteien an einen Tisch zu holen usw. Prävention kommt bei Gauck als Wort vor. Aber der Bundespräsident verschwendet nicht viele Gedanken darauf, was das in der Praxis unserer Außen- und Innenpolitik bedeuten würde. Und er überspielt, dass er selbst und seine Geistesverwandten mit dem Aufbau einer neuen Konfrontation zwischen West und Ost neue Konflikte und möglicherweise einen neuen Großkonflikt schüren.

Die Vorstellung, hier sei der gute Westen und dort der undemokratische Osten mit Russland, und die Vorstellung, Völker wie die Ukrainer zum Beispiel müssten sich entscheiden, ob sie zu der einen oder zu der anderen Gruppe gehören, ist die Basis neuer Konflikte und Krisen, die für viele Menschen tödlich sein werden. Die Grundhaltung des Bundespräsidenten und vermutlich der Mehrheit der in München Versammelten fördert nicht die Krisenprävention, sie heizt Konflikte an.

Gauck und seine Entourage verspielen damit die großen Fortschritte der sechziger und siebziger Jahre des letzten Jahrhunderts. Sie spielen Kalter Krieg und fördern unterschwellig den alten Gedanken des Rollback. Und sie verschwenden wenig Energie und wenig Geld auf die mühsame Anstrengung, Konflikte einzudämmen.

Bundespräsident Gauck kümmert sich auch nicht um den Abbau der neu beginnenden Konfrontation mit Russland. Auf das oberflächlich gehaltene Schreiben des Bundespräsidenten an den Präsidenten der Russischen Föderation, Wladimir Putin, zum Gedenken an die Befreiung Leningrads haben wir hingewiesen. Zur gleichen Zeit hat die Spitze der Europäischen Union den russischen Präsidenten wegen der Entwicklung in der Ukraine beim Russland-EU-Gipfel gedemütigt. Der Bundespräsident gab dazu keinen Kommentar ab.

Gauck blendet aus, dass viele der heutigen Konflikte, wie etwa in Syrien und in der Ukraine, von westlichen Kräften mit angeheizt worden sind. Das Gegenteil von Prävention hat dort stattgefunden.

Gauck blendet aus, dass der so »gute« Westen mit Diktatoren zusammenarbeitet. Im Falle Syriens heizt er mit Saudi-Arabien gemeinsam den Bürgerkrieg an.

Gauck stellt die wichtige Frage nach dem Erfolg militärischer Interventionen für das Wohl der Menschen und die Menschenrechte nicht und beschönigt die Bilanz militärischer Interventionen.

Wenn man schon die Forcierung militärischer Interventionen propagiert und uns glauben machen will, dass dies aus menschlicher Sicht geboten sei, dann muss man bitte auch ehrlich bilanzieren, d.h. das Ende bedenken. Ist die Lage der Menschen und der Frauen, die in besonderer Weise als Grund für den Kriegseinsatz herhalten mussten, in Afghanistan heute besser als vorher? Ist die Korruption zurückgedrängt? Sind Minderheiten heute besser geschützt als vorher?

Solche Abwägungen sind mühsam und sie sind auch schwierig. Aber sie sollten unternommen werden, wenn heute forciert propagiert wird, der militärische Einsatz sei manchmal nötig, wenn auch nur als letzte Möglichkeit. Die Einlassungen des Bundespräsidenten lassen erkennen, dass er sich diese mühsame Arbeit nicht macht und dass er sie von den Verantwortlichen der aktiven Politik auch nicht fordert.

Friedensbewegung – wo bist Du?

12. März 2014 / Rubrik: Aktuelles, Audio-Podcast, Das kritische Tagebuch, Frieden / von Albrecht Müller

Seit meinem Beitrag vom 4. März über die Notwendigkeit, von der Konfrontation zur europäischen Friedensordnung zu kommen, habe ich die öffentliche Debatte beobachtet und mit vielen Menschen, die mir nahestehen, gesprochen. Darunter gibt es erstaunlich viele, die meine und anderer Menschen Sorgen und Ängste nicht nachvollziehen können. Sie sind an Militäreinsätze gewöhnt, sie haben zum Beispiel den Aufbau des Raketenschilds der USA in Polen als nicht besonders aufregend akzeptiert und regen sich deshalb auch nicht über die Verlegung einer Flugzeugstaffel der USA nach Polen auf. So quittieren die meisten von uns das Heranrücken der NATO an die Grenzen Russlands schon lange mit einem müden Lächeln.

Dreizehn Beobachtungen, die nahelegen, Gefahren für einen Krieg zu sehen:

1. Wir haben gelernt, dass Kriege geführt werden können, dass sie als Fortsetzung der Außenpolitik mit anderen Mitteln betrachtet werden. Noch vor 25 Jahren war das unvorstellbar. Die Bundeswehr hatte einen Verteidigungsauftrag. Außerhalb des NATO-Bereichs hatte sie nichts zu suchen. Inzwischen soll das Militär auch der Sicherung der Seewege und der wirtschaftlichen Interessen dienen. Selbstverständlich wird ihm eine Mission für Frieden und Menschenrechte angedichtet. Beim Kosovo-Krieg haben wir diese Sicht der Dinge eingeübt – und dann später in Afghanistan.

2. Kriege dienen deutlich sichtbar der innenpolitischen Stabilisierung der Machthaber – so zu beobachten beim Falkland-Feldzug von Premierministerin Thatcher, beim Libyen-Feldzug der Briten und Franzosen, beim ersten und zweiten Irak-Krieg der Amerikaner. Auch Putins Härte in der jetzigen Auseinandersetzung wird teilweise von innenpolitischen Stabilisierungserwägungen bestimmt.

3. Kriege erscheinen vergleichsweise harmlos. Sie sind bisher in der Regel weit weg gewesen. Unsere Kinder und wir selbst haben die Gewalt mit zunehmender Kommerzialisierung der elektronischen Medien und der elektronischen Spiele eingeübt.

4. Auf beiden Seiten gibt es Hardliner, die keine friedlichen Absichten haben. Im Westen, vor allem in den USA, sind religiös bestimmte Kräfte stark. Für sie steht ihre Auseinandersetzung mit dem sozialistischen Anti-Christen immer noch auf der Tagesordnung, auch wenn Russland nicht mehr von sozialistischen Ideologien und Gedanken geprägt ist. Das macht nichts. Das alte Feindbild passt. Auch in Russland gibt es solche, die von der Wiederherstellung der Sowjetunion träumen.

5. Solche Kräfte sind fähig, der Eigendynamik eines Konfliktaufbaus Futter zu bieten – durch Intervention, durch selbst organisierte oder finanzierte Kommandoaktionen, durch Propaganda und De-Stabilisierung.

6. Es gibt im heutigen Westen viele einzelne Personen, Gruppen und Völker, die Rechnungen mit den Russen offen haben. Genauer müsste man sagen: die meinen, Rechnungen mit den Russen offen zu haben. Das gilt bei uns für einen Teil der so genannten Bürgerrechtsbewegung und viele andere aus der ehemaligen DDR. Namentlich ist in diesem Zusammenhang Bundespräsident Gauck zu nennen, aber auch Werner Schulz von den Grünen. Sie reden für das Gute, für die Freiheit, für den Kampf für Menschenrechte in den ehemaligen Ostblockstaaten. Und je lauter sie reden, umso schweigsamer werden jene echten Bürgerrechtler, die zugleich Teil der Friedensbewegung waren. Konkret und beispielhaft: Werner Schulz übertönt Friedrich Schorlemmer und alle anderen, die »Schwerter zu Pflugscharen« umschmieden wollten und erfolgreich umgeschmiedet haben.

7. Russland ist umgeben von Staaten, deren Führungspersonal meist ebenfalls meint, Rechnungen mit Russland offen zu haben. Das gilt für das Baltikum, für Polen, für Tschechien, für Georgien und für Teile der Ukraine. In den meisten dieser Staaten leben Russischstämmige mit der Mehrheit zusammen. Aus diesem Zusammenleben folgen mit weitergehender Konfrontation handfeste Konfliktmöglichkeiten. Und diese Konfliktmöglichkeiten sind gepaart mit der Ausdehnung der NATO und damit mit der Gefahr, dass Bündnisfälle eintreten. Dann sind wir NATO-Partner aufgerufen, bei solchen Konflikten Beistand zu leisten. Alleine dies ist eine bemerkenswerte Veränderung zum Schlechteren.

8. Jene Kräfte im Westen, die die Rohstoffe anderer Länder und auch das Eigentum von Unternehmen und die Infrastruktur in anderen Ländern, konkret in der Ukraine oder in Russland,

ausbeuten wollen, sind mächtig. Sie bestimmen die politische Willensbildung und die Entscheidungen weit über das einer Demokratie angemessene Maß hinaus.

9. Die Medien sind über weite Strecken eingespannt in den Aufbau der Konfrontation.

10. Auch eigentlich kritisch denkende Medienschaffende und vor allem Teile des kritischen Bürgertums sind als Mahner vor der Eskalation und vor kriegerischen Handlungen ausgefallen. Bei meinen Gesprächen in diesen Kreisen muss ich feststellen, dass die Anti-Putin-Agitation und der Hinweis auf die Verletzung der Menschenrechte im Osten wirksam sind.

11. Die Generation der heute 30- bis 50-jährigen ist beachtlich entpolitisiert und der allgemein üblichen Propaganda erlegen. Die Träger der früheren Friedensbewegung und der Studentenbewegung haben es nicht geschafft, ihre Aufmerksamkeit und ihre Wachsamkeit an die nächste Generation weiterzuvermitteln. Damit will ich keinesfalls sagen, dass diese mittlere Generation nicht am Frieden und nicht am Gemeinwohl und an Mitmenschlichkeit interessiert sei, im Gegenteil. Aber es fehlt das Bewusstsein für die Gefährdung der Welt.

12. Je schlimmer die inneren Verhältnisse im Westen sind, umso attraktiver ist der Aufbau des Feindbildes im Osten.

13. Die Wühlarbeit zur De-Stabilisierung von Staaten im Umfeld Russlands kann heute auf vielfältige Weise organisiert und von professionellen PR-Strategien begleitet werden. An der De-Stabilisierung wird Geld verdient. Die PR-Strategen sind politisch einflussreich.

Wir suchen nach der neuen Friedensbewegung.

Kann man Steinmeier trauen?

22. Mai 2014 / Rubrik: Aktuelles, Wahlen, Koalitionen & Parteien / von Albrecht Müller

Steinmeiers Reisediplomatie kostet Kraft und ist manchmal sogar riskant. Doch ist er ein ehrlicher Vermittler in der Ukraine und im Konflikt mit Russland? Wie ist er gesellschaftspolitisch einzuordnen? Ich persönlich komme leider zum Schluss: Man kann ihm nicht trauen. Warum?

1. Steinmeier hat gemeinsam mit dem polnischen und französischen Außenminister mit dem damaligen ukrainischen Präsidenten Viktor Janukowitsch, mit Klitschko und Vertretern das Maidan verhandelt. Die Vereinbarung hielt gerade mal eine Nacht. Steinmeier musste wissen, dass sie nicht zu halten war, weil nicht alle Kräfte des Maidan dahinterstanden. Er hat auch nicht auf Einhaltung gepocht, weil die plurale Weiterentwicklung in der Ukraine erhalten bleiben sollte. Steinmeier hat nicht widersprochen, als die Schuld am Bruch der Vereinbarung in den westlichen Medien und von der westlichen Politik wesentlich dem flüchtenden Präsidenten zugeschrieben wurde. Er sei abgehauen, hieß es. Mein Eindruck: Steinmeier wusste um die von den USA propagierte Machtübernahme durch den jetzigen Ministerpräsidenten Arsenij Jazenjuk. Er kannte den Einfluss von US-Vizepräsident Biden. Steinmeier spielte die Rolle des Vermittlers, er war aber keiner.

2. Das wird jetzt wieder bestätigt durch die Begründung für Steinmeiers Vermittlungsaktivitäten zwischen der Regierung in Kiew, den Separatisten im Osten und Russland. Hauptsache sei es, so sein Tenor, die Wahlen am 25. Mai durchzuführen, damit eine legitime Regierung in der Ukraine gebildet werden könne. Genau darauf werden sich dann die USA und ihre Vertreter in Kiew berufen. Damit wird vergessen gemacht, dass die jetzige Regierung und auch der jetzige Präsident keine verfassungsgemäße Legitimation haben. Nicht der Ausgleich der verschiedenen Richtungen und Gruppen in der Ukraine ist das

Ziel, sondern der Durchbruch für die Kräfte des so genannten Westens.

3. Steinmeier hat vor kurzem den Oligarchen Armatow getroffen. Dieser hat jetzt seine 300 000 Arbeiter und Angestellten gegen die Separatisten mobil gemacht.

4. Steinmeier hat nie die Grundsatzfrage angesprochen, ob es nach den Erfolgen der Entspannungspolitik im Jahre 1990 sinnvoll ist, mit einer neuen Konfrontation zwischen Russland und dem so genannten Westen zu beginnen. Wenn er die neue Konfrontation nicht gemocht hätte, dann hätte er als Außenminister schon in der früheren großen Koalition von 2005–2009 und auch jetzt wieder dagegen angehen müssen. Die Absichten der USA unter der Präsidentschaft von George W. Bush und der rechts-konservativen Kreise in den USA in Zeiten der Regierung Obama konnten ihm nicht verborgen bleiben. Er hätte zum Wortführer des Widerstands gegen diese neue Konfrontation und dem Versuch der Destabilisierung Russlands werden müssen.

5. Steinmeier gehört zum Dreier-Gespann jener deutschen Politiker, die im Zusammenhang mit der Sicherheitskonferenz in München Ende Januar/Anfang Februar 2014 auf größere internationale Verantwortung, was im konkreten Fall größere militärische Verantwortung heißt, eingeschworen wurden. Außer ihm waren das noch Bundespräsident Gauck und Verteidigungsministerin von der Leyen.

6. Steinmeier hat keinerlei Sinn dafür, dass Menschen ihm misstrauen und seine Vermittlungsaktionen für aufgesetzt halten und ihn deshalb einen Kriegstreiber nennen. Er fühlt sich getroffen durch das Misstrauen und wirkt an vorderster Front an der Diskreditierung der Montagsdemonstrationen mit. Er schreit die Zweifler nieder, vermutlich weil sie ihn durchschauen. Eine große Mehrheit von Medien spendet ihm Applaus für diesen Auftritt.

Misstrauen wegen Steinmeiers gesellschaftspolitischer Positionen – dafür nur zwei Belege:

Steinmeiers ausgesprochen fragwürdige Einstellung zu »Lohnnebenkosten«. Er hat offensichtlich nie verstanden, dass dies Äquivalente für die soziale Sicherheit der arbeitenden Menschen sind. Er macht sich die Strategie der neoliberalen Bewegung zu eigen, die angeblich hohen Lohnnebenkosten zu beklagen, sie abzusenken und damit die Sozialstaatlichkeit der Erosion preiszugeben. Im Kanzleramtspapier vom Dezember 2002, damals war Steinmeier Chef des Bundeskanzleramtes und damit auch verantwortlich für dieses Papier, wird der Glaube an die erlösende Wirkung von Reformen, die die Lohnnebenkosten verringern, geradezu klassisch wiedergegeben:

»Wie schädlich steigende Lohnnebenkosten sind, zeigt die Entwicklung seit der Wiedervereinigung: 1990 betrugen die Beitragssätze zur Sozialversicherung noch 35,5%. Bis 1998 waren sie auf den historischen Höchstwert von 42% gestiegen. Im gleichen Zeitraum ist die Arbeitslosigkeit von 2,6 Mio. auf 4,28 Mio. Arbeitslose im Jahresdurchschnitt gestiegen. Die Zahl der Erwerbstätigen ging von 38,5 Mio. auf 37,2 Mio. in 1997 zurück.

Deswegen ... ist eine der Kernstrategien der Bundesregierung die auf eine Absenkung der Lohnebenkosten abzielende Modernisierung der sozialen Sicherungssysteme.«

So ist es dann gekommen. Die Agenda 2010 ist auch Steinmeiers Werk. Die Grundlage war ein wahrlich einfältiges Verständnis von den Ursachen der Arbeitslosigkeit und der Bedeutung der Lohnnebenkosten, nämlich als Beiträge für die Sozialversicherungen.

Ein noch besseres Zeugnis von Steinmeiers gesellschaftspolitischer Grundeinstellung war seine Rede vor dem Arbeitgeberverband im November 2013. Wir haben damals auf den NachDenk-Seiten sowohl seine Rede als Video wiedergegeben als auch schriftlich die wichtigsten Passagen ins Netz gestellt.

Steinmeier wirkt nicht wie unabhängiger Sozialdemokrat, sondern eher wie ein gesteuerter Fremdkörper. Das kann auch die Folge seiner siebenjährigen Tätigkeit als Koordinator der Geheimdienste sein.

Auffällig ist:

Steinmeier wurde 2005 und dann wieder 2013 Bundesaußenminister, ohne dass es darüber in der SPD eine dem Amt angemessene Diskussion gab.

Steinmeier wurde 2009 ohne Diskussion wieder zum Fraktionsvorsitzenden nominiert und gewählt, obwohl er die SPD mit 23 Prozent auf einen historischen Tiefstand gebracht hatte.

Der Wahlabend nach der Bundestagswahl 2009 war auffallend geprägt von einem Sturm des Applauses – für die Niederlage. Mir schien es damals und bis heute so, dass hier Claqueure organisiert waren, um das politische Fortkommen dieses damals gescheiterten Kanzlerkandidaten abzusichern.

Steinmeier war und ist nicht der Beauftragte der sozialdemokratischen Mitgliedschaft, sondern arbeitet auf anderer Rechnung. Dies ist meine Vermutung. Ich bin gerne bereit, diese Vermutung zu korrigieren, wenn ich des Besseren belehrt werde.

Abgekartetes Spiel um die Ostukraine, Tote inklusive

2. Juni 2014 / Rubrik: Meinungsmache, Strategien der Meinungsmache / von Albrecht Müller

Im Internet wurde in den letzten Tagen die Meldung verbreitet, die USA hätten den Regierenden in Kiew signalisiert, sie könnten den Kampf gegen die Separatisten in der Ostukraine mit allen Mitteln führen. 2000 bis 3000 Tote seien hinnehmbar. Ich kann diese Information nicht überprüfen. Dennoch meine ich, der so genannte Westen betreibt ein abgekartetes Spiel. Dabei haben die Vermittler weniger eine friedensstiftende Funktion, sondern dienen dem Zeitgewinn beim Versuch, die Ukraine in den Einflussbereich der USA, der Europäischen Union und gegebenenfalls der NATO zu bringen.

Um das zu erreichen, muss in der Ostukraine durchgegriffen werden. Der dortige Widerstand gegen die jetzige Regierung in Kiew muss gebrochen werden. Damit wird der Einfluss Russlands nachhaltig beschädigt. Russland hat dann sein Image als potenzielle Schutzmacht der russisch orientierten Menschen in der Ostukraine wie auch in vergleichbaren anderen Regionen verspielt.

Laut *Spiegel Online* hat der russische Außenminister erklärt, westliche Länder hätten versichert, dass sich die Lage in der Ukraine nach der Präsidentenwahl vom 25. Mai verbessern werde. Das genaue Gegenteil sei der Fall, beklagte Lawrow. Die Gewalt gegen prorussische Separatisten im Osten des Landes müsse sofort enden.

Diese Einschätzung ist ziemlich naiv. Es war klar, dass die Präsidentenwahl dazu dienen sollte, den Einfluss des Westens und der USA zu stärken. Es musste doch jedem aufmerksamen Beobachter bewusst sein, dass diese Wahl die scheindemokratische Basis für das Aufräumen mit polizeilichen und militärischen Mitteln sein sollte.

Die gesellschaftspolitische und ideologische Seite des gesamten Spiels sollte man nicht übersehen

EU-Ratspräsident Van Rompuy, auf europäischer Ebene zum Vermittler hochstilisiert, und Wolfgang Ischinger, Lobbyist des Allianz-Konzerns, der neben Steinmeier als Vermittler benannt wurde, sind ausgewiesene Konservative. Steinmeier ist es im Kern auch. Auf der von Ischinger arrangierten Sicherheitskonferenz in München haben Bundespräsident Gauck, der Außenminister Steinmeier und die Verteidigungsministerin von der Leyen einmütig und gleich gerichtet ihre Bereitschaft zu stärkerer *»internationaler Verantwortung«* Deutschlands in der Welt, und das hieß vor allem militärische Verantwortung, betont.

Kiew wird in die Politik der »Reformen« und die Austeritätspolitik einbezogen werden. Mit allen Konsequenzen für das normale Volk der arbeitenden Menschen.

Gauck ein Agent der USA?

18. Juni 2014 / Rubrik: Aktuelles, Audio-Podcast, Frieden, Friedenspolitik / von Albrecht Müller

Starker Tobak, werden manche Leserinnen und Leser der Nach-DenkSeiten meinen. Die Zweifel verstehe ich, weil wir unseren politischen Spitzen gerne verantwortungsvolles Handeln und Unabhängigkeit unterstellen. Aber: Der Bundespräsident fordert jetzt größere Bereitschaft zu Militäreinsätzen. Das tut er »zufällig« gerade dann, wenn die Erfolglosigkeit militärischen Eingreifens augenfällig geworden ist: in Afghanistan, im Irak, in Libyen.

Die Forderung von Bundespräsident Gauck entspricht den Interessen und Absichten der USA, die Bundeswehr und die Bundesrepublik zur Mitwirkung an militärischen Interventionen einzusetzen. Gauck macht sich zum Sprachrohr dieser Unterwerfung. Der Bundestagsvorbehalt für Militäreinsätze soll so kraftlos und zahnlos gemacht werden, dass die Entscheidungsgewalt über den Einsatz der Bundeswehr auf mittlere Sicht auf den NATO-Oberbefehl und damit einen US-General übergeht.

Mit diesem Kurs wurde der Kosovo-Krieg begonnen. In Afghanistan wurde damit weitergemacht. Jetzt wird im Zusammenhang mit der Ukraine-Krise damit gespielt. Das kann tödlich werden. Bundespräsident Gauck hat offensichtlich nicht verstanden, dass die Verantwortlichen für diese auf Militär setzende Politik weit weg sind von Europa und dass in ihrer Vorstellung Europa zweifelsfrei zum Kriegsschauplatz werden kann.

Es gibt noch weitere Indizien für die Orientierung des deutschen Bundespräsidenten an den Interessen der USA und damit auch vor allem an den Interessen der rechtskonservativen Kreise dort: seine Feindseligkeit gegenüber Russland, seine beflissene Bereitschaft, nach Kiew zu reisen, um dort die Amtseinführung des neuen Präsidenten mitzufeiern, sein Schweigen zur Überwachung der ihm anvertrauten Bundesbürger durch die NSA. Gauck ist »*Der falsche Präsident*«, wie ich es auch in dem gleichnamigen Buch für den Westend-Verlag dargestellt habe.

Willy Wimmer über den Kriegspragmatismus der Grünen

3. Juli 2014 / Rubrik: Aktuelles, Andere interessante Beiträge, Außen- und Sicherheitspolitik, Frieden, Grüne / von Willy Wimmer

Willy Wimmer hat für uns einen Text zur 15. Außenpolitischen Jahrestagung der Heinrich-Böll-Stiftung geschrieben. Die Grünen profilieren sich immer mehr als Partei der militärischen Intervention und die Heinrich-Böll-Stiftung bietet sich als Basis und Katalysator dieser Entwicklung an. Darauf wird zurückzukommen sein – auch deshalb, weil der Missbrauch des Namens von Heinrich Böll langsam unerträglich wird.

»Krieg in unserer Zeit«, eine deutsche Partei ergreift Partei für den Krieg.

Das hatten wir schon einmal. Der Zweck heiligt die Mittel. Dafür bezahlt Deutschland bis heute und noch für eine lange Zeit. Wenn Irrsinn zur Methode wird, dann verfällt man auf solche Slogans. Nicht anders schallt es heutzutage aus der grünen Ecke, aus der Böll-Stiftung und dem Relikt aus der grünen Regierungszeit, dem *European Council on Foreign Relations*. Eigentlich wäre ein neuerliches Credo aus der grünen Ecke für Krieg nicht nötig gewesen. Spätestens seit dem Wirken des ehemaligen grünen Außenministers Fischer vor, während und nach dem Jugoslawien-Krieg weiß man, was »fliegende Fahnen« bei den Grünen bedeuten. Da darf auch mal Auschwitz bemüht werden, ohne dass es für diese widerliche Instrumentalisierung einen gewaltigen öffentlichen Aufschrei ausgelöst hätte. Noch bevor die Kriegstrommeln gerührt werden, schallt schon Begeisterung für neuerliches Schlachten aus der grünen Ecke.

Jetzt lässt man, im Beisein mehr oder weniger prominenter Namen, die berühmte Katze aus dem Sack. Wie heißt es doch im neuen, grünen Leitfaden für den nächsten Angriffskrieg: *»Die deutsche Politik muss akzeptieren, dass das bestehende internationale System, allen voran die Vereinten Nationen, nicht den Herausforderungen der Weltunordnung des 21. Jahrhunderts entsprechen. Das* *bedeutet praktisch zu akzeptieren, dass ein Agieren außerhalb des bestehenden völkerrechtlichen Rahmens vonnöten sein kann, wenn die Stabilität der internationalen Ordnung gefährdet ist.«* So definiert man das, was der ehemalige Bundeskanzler Gerhard Schröder in sehr freimütiger Weise in Zusammenhang mit dem deutschen Beitrag zum Jugoslawien-Krieg eingestanden hatte. Selbstverständlich habe er damit das Völkerrecht gebrochen, so räumte er ein. Irgendwie konnte er bis heute gewiss sein, dass für ihn und alle Beteiligten an diesem ordinären Angriffskrieg ein derartiges Eingeständnis vor allem vor dem Internationalen Strafgerichtshof in Den Haag folgenlos bleiben werde. Das gilt natürlich auch für seinen damaligen Außenminister Fischer, dessen einzige Maßregelung in einem Farbbeutel bestand. Vermutlich war die Farbe »grün«, denn diese Farbe bedeutet im politischen Farbenspiel dieser Republik die größte Hoffnung auf Krieg und eine Beteiligung an demselben.

Der Mentor für dieses Denken ist bedeutend. Damit die ganze Perversion des Denkens ihm auch gerecht werden kann, soll demnächst an der altehrwürdigen Universität Bonn ausgerechnet ein Völkerrechtslehrstuhl mit seinem Namen verbunden werden. Es handelt sich um den ehemaligen amerikanischen Außenminister Henry Kissinger, der vor dem Krieg gegen die Bundesrepublik Jugoslawien nicht müde geworden ist, in deutschen und internationalen Publikationen die Beseitigung des in Europa seit dem Mittelalter entwickelten Völkerrechts zu fordern. Stattdessen sollte eine internationale Ordnung geschaffen werden, die der Bedürfnislage der USA auf Weltherrschaft entsprechen würde. »Nürnberg« oder der Gedanke daran sollte verschwinden. Ein Gedanke, der für jemanden mit größerer Ortskenntnis geradezu verlockend erscheinen musste, wenn es um fadenscheinige Begründungen für Angriffskriege à la Irak etc. gehen sollte. Wie war das noch mit dem »weiten Weg nach Westen« für Deutschland oder mit dem »Griff nach der Weltherrschaft«? Da beteiligt man sich heute lieber an verhängnisvollen Studien der Böll-Stiftung, wenn man Winkler heißt. Oder besteht der Sinn des grünen Schreis nach Krieg darin, für gewisse Altvordere den Weg nach Den

Haag abzuschneiden – durch Quasi-Legitimation zumindest in manchen Augen der sogenannten Öffentlichkeit?

Unter diesen Umständen machen auch die Äußerungen des Herrn Bundespräsidenten zum Einsatz des deutschen Militärs einen neuen Sinn. Es war schon bei seiner Rede zur Münchner Sicherheitskonferenz auffallend, dass er sich nicht vorbehaltslos dafür starkgemacht hatte, die bestehende Völkerrechtsordnung zu festigen, um mit den objektiv vorhandenen Schwierigkeiten fertig werden zu können. Oberste deutsche Bundesgerichte hatten in den letzten Jahren Urteile zu der Frage Krieg-Völkerrecht-Grundgesetz-Soldatengesetz gefällt, die eigentlich jeder Bundesregierung die Schamesröte ins Gesicht hätte treiben müssen. Dazu schwieg der oberste Hüter der Verfassung, ebenso wie die jeweilige Bundesregierung es vermocht hatte. Wo war sein Bekenntnis dazu, dass in Anbetracht der Geschichte seit dem Jugoslawien-Krieg, dem mörderischen Krieg gegen Irak und deutscher Hilfeleistungen dazu sowie der Killereinsätze amerikanischer Drohnen über deutschen Standorte, von deutschem Boden nie wieder ein Angriffskrieg würde gestartet werden dürfen? Wo war sein Bekenntnis dazu, nach dem Soldatengesetz nicht dem einzelnen Soldaten die Antwort auf die Frage aufbürden zu dürfen, ob sein Handeln mit dem Völkerrecht übereinstimme?

Stattdessen wurde die nicht zu bezweifelnde Achtung der Menschenrechte im Kontext zu Einsätzen der Bundeswehr gesetzt. Ist dem Herrn Bundespräsidenten völlig entgangen, wie sehr diese Menschenrechte auf Gedeih und Verderb an die völkerrechtliche Ordnung, die wir derzeit haben, gebunden sind? Wir haben gerade in den letzten Jahrzehnten die Militarisierung der Menschenrechte durch die westliche Führungsmacht, die USA, erleben müssen. Menschenrechte wurden zu Kampfbegriffen wie »humanitäre Intervention«, »right to protect« etc. degradiert, ganz im Sinne des britischen Imperialismus aus dem 19. Jahrhundert, dem sie nahtlos entlehnt worden sind.

Natürlich ist es nicht von der Hand zu weisen, dieses Aufblühen eines »grünen Bellizismus« in einem Zusammenhang mit dem Wegdrücken der FDP aus dem deutschen Parteienspektrum zu sehen. Was kann man der FDP nicht alles nachsagen? Aber eines gewiss nicht: Sie sei eine deutsche Partei gewesen, bei der sich das eigene Grundgesetz und das Völkerrecht nicht unter den gegebenen Umständen bestens aufgehoben fühlen durften. Baum und Leutheusser-Schnarrenberger sind zwei Namen dafür. Das deutsche Verhängnis bekommt eine neue Farbe: grün.

Auge um Auge, Zahn um Zahn – muss das wirklich so sein?

9. Juli 2014/Rubrik: Aktuelles, Außen – und Sicherheitspolitik, Friedenspolitik, Israel/von Albrecht Müller

Am vergangenen Wochenende im Freundes- und Bekanntenkreis: Wir sprachen über die Ukraine, ISIS, den Konflikt des Westens mit dem Islam, über Israel, Palästina, Gaza. Fest steht: Gewalt folgt auf Gewalt. Die Frage, ob es denn nicht angebracht wäre, auf eigene Ansätze gewaltloser und erfolgreicher Konfliktlösungen zurückzukommen, wurde zunächst gar nicht verstanden. So fest eingefahren ist das Schema: Zwischen West und Ost, zwischen uns und dem Islam, zwischen Israel und Palästinensern gibt es leider keine friedlichen Lösungen. Ist das so? Hat man das ernsthaft versucht? Man hat es nicht getan. Die herrschenden Ideologien sind auf Gewaltanwendung angelegt.

Wird es noch einmal gelingen, diese Vorherrschaft einer zwar normalen, aber dennoch primitiven Weltanschauung von Gewalt und Gegengewalt zu durchbrechen? Das wird eine der für unsere Zukunft entscheidenden Fragen sein.

Die USA haben unter dem Einfluss der Neokonservativen ihr gutes Miterbe, die Beendigung des Ost-West-Konfliktes, gleich nach 1990 wieder begraben und den Konflikt mit Russland neu angefacht. Unter neuer Flagge: Kampf um die Menschenrechte und Demokratie und – wenn es nötig ist – auch mit militärischen Einsätzen. Wir Deutschen wurden mit dem Jugoslawien-Krieg von 1999 an diese Möglichkeit gewöhnt.

In Israel wird unter dem Druck innenpolitischer und innerparteilicher Auseinandersetzungen die alttestamentliche Ideologie von Gewalt und Gegengewalt angeheizt. Zarte friedenspolitische Ansätze werden zertrampelt.

Deutschlands wichtigster Beitrag zur neueren Weltgeschichte sollten nicht ein paar gute Fußballspiele sein, sondern Initiativen zur Politik der Entspannung zwischen Konfliktparteien. Damit haben wir den größten Erfolg unserer neueren Geschichte gefeiert: die Bedrohung durch militärische Gewalt und Gegengewalt loszuwerden und Europa weitgehend zu einen.

Wie schon oft erwähnt: »Wandel durch Annäherung« lautete die Kurzformel der sicherheitspolitischen Strategie der sechziger, siebziger und achtziger Jahre. Gewaltverzicht, sich verständigen, sich in den anderen hineinversetzen, sich vertragen – das waren die Elemente sehr produktiver politischer Strategien.

Sind sie heute überholt? In unserem kleinen Kreis vom vergangenen Wochenende wurde auf die grundlegenden religiösen Unterschiede zwischen dem Westen und dem Islam verwiesen. Aber die gab es auch zwischen West und Ost, zwischen Abendland und »Kommunisten«. Und dennoch ist der Versuch der Verständigung unternommen worden.

Die Gewalttäter und die Vertreter und Strategen der Gewalt haben Oberwasser. Sie sind hoffähig. Das waren sie auch in den fünfziger Jahren des letzten Jahrhunderts und dennoch hat sich die Strategie der Verständigung durchgesetzt. Ein Glücksfall. Ein nicht wiederholbarer Sonderfall? Wenn wir das glauben würden, dann müssten wir auch den mit den NachDenkSeiten verbundenen Versuch der Aufklärung aufgeben.

Der *Spiegel*, die *Bild*-Zeitung für Möchtegern-Intellektuelle

28. Juli 2014 / Rubrik: Kampagnen/Tarnworte, Neusprech, Medienkritik / von Wolfgang Lieb

Wer bisher bezweifelt hat, dass der *Spiegel* nichts anderes ist als die *Bild*-Zeitung für Intellektuelle, genauer für solche, die es sein wollen, bekommt hier den Beweis. Mit Bildern von Opfern (politische) Stimmungsmache, ja Hetze zu betreiben, das sind eben die Methoden des Boulevards.

Das ist ja nicht erstaunlich, wenn man den stellvertretenden Chefredakteur der *Bild*-Zeitung, Nikolaus Blome, als Mitglied der Chefredaktion und als Leiter des Hauptstadtbüros zum *Spiegel* holt.

Quelle: *meedia*

Quelle: *Spiegel Online*

Quelle: *meedia*

9 Brüsseler Laientheater
Europa: eine gute Idee wird in den Sand gesetzt

Angesichts des NSA-Skandals und der neuen Ost-West-Spannungen wäre eine funktionierende EU wichtiger denn je. Doch aufgrund falscher Politik, Demokratiedefizit und Mediendesinformation wird Europa immer mehr gespalten: in reiche und arme Länder, in Gewinner und Verlierer. Mit Nachteilen für uns alle.

»Haltet den Dieb« – eine primitive Masche im Kampf gegen Sahra Wagenknecht und alles Linke
24. Januar 2014 / Rubrik: Aktuelles, Strategien der Meinungsmache / von Albrecht Müller

Gegen das Verhalten von *ZDF*-Moderator Markus Lanz und *Stern*-Mann Hans-Ulrich Jörges in der Talk-Show *Markus Lanz* vom 16. Januar gab es massiven Widerspruch. Eine Online-Petition gegen Lanz ist sehr erfolgreich. Jetzt sind es rund 170 000 Unterzeichner. Bitte unterschreiben Sie dort, wenn Sie den Vorstoß richtig finden. Offenbar tut der Widerspruch weh. Jörges greift jetzt mit einem Video Sahra Wagenknecht und die Linke insgesamt an – so primitiv wie in der Sendung des *ZDF* und nach der Methode »Haltet den Dieb«. Hier ein Einordnungsversuch der Vorgänge.

1. **Der Vorgang zeigt: Kampagnenjournalismus ist die vorherrschende Form der journalistischen Tätigkeit in Deutschland.** Ohne Zweifel gibt es in deutschen Medien gute und auch kritische Artikel. Aber diese sind leider ziemlich irrelevant, weil die großen Linien der politischen Strategen konsequent durchgehalten und verfolgt werden. Die großen Linien im Kontext der Sendung von Lanz sind der Versuch, eine für das konservative Lager und die SPD gefährlich gewordene Politikerin auszuschalten. Es soll generell keine Alternative zum schwarzgelbrotgrünen Lager aufkommen dürfen. Ein Teil der Linkspartei ist nicht mehr sonderlich gefährlich, weil angepasst. Sahra Wagenknecht und ihre Gruppe kann dem Dauer-Machtanspruch des konservativen und neoliberal eingefärbten Lagers jedoch etwas entgegensetzen. Sie wirkt in das so genannte bürgerliche Lager hinein. Sie präsentiert inhaltlich durchdachte Alternativen zur herrschenden Linie, sei es in der Wirtschafts- und Finanzpolitik, sei es in der Europa- und Währungspolitik.

2. **»Haltet den Dieb« in Sachen Europa**
Es ist typisch, dass Markus Lanz in seiner Sendung gemeinsam mit Jörges vom *Stern* versucht hat, Sahra Wagenknecht eine europa- und eurofeindliche Haltung zu unterstellen. Die beiden transportierten unterschwellig die Botschaft, dass sie selbst und die Politik, die sie unterstützen – konkret: die Große Koalition – **für** Europa und **für** den Euro seien. Damit wird verdeckt, dass die aggressive Haltung der Regierung Merkel gegen die »Südländer« und die praktischen Folgen der Austeritätspolitik Europa und den Euro wie auch den Geist der guten Nachbarschaft massiv beschädigen. So gesehen war das primitive Spielchen von Lanz und Jörges mit ihrer permanenten Forderung nach Europabekenntnissen von Sahra Wagenknecht eben auch ein Versuch, »haltet den Dieb« zu rufen und damit von der eigenen Verantwortung für das kommende Desaster in Europa und die existente wirtschaftliche und soziale Not vieler Europäer abzulenken.

Niemand aus den famosen Medien unseres Landes fragt die Regierenden und die regierungstreuen Medien nach ihrer tatsächlichen Europafreundlichkeit. Niemand attackiert sie wegen ihrer faktischen Europafeindlichkeit.

3. **Die Medien werden ihrer eigentlichen Aufgabe, das politische Geschehen kritisch und damit konstruktiv zu begleiten, nicht gerecht.**

Wenn sich die Regierenden wie zum Beispiel Angela Merkel praktisch alles leisten können: die Spaltung unserer Gesellschaft in Superreich und Arm wie auch den Ruin anderer Volkswirtschaften und der europäischen Einigung und des gemeinsamen Währungsraums, dann kann man von einer funktionierenden Demokratie nicht mehr sprechen. Mediale Kritik findet nur noch in Nischen statt. Dies in Deutschland zu sagen, ist gefährlich, weil man dann sofort als radikal abgestempelt wird. Aber diese Gefahr muss man hinnehmen, wenn man die Realität beschreiben will.

Die Lanz-Sendung war auch für dieses Thema lehrreich: Immer wieder wird nämlich von den »Pächtern der Demokratie«, wie sie etwa Lanz und Jörges darstellen, der Versuch gemacht, das Bestehen demokratischer Verhältnisse bei uns dadurch als selbstverständlich darzustellen, dass man anderen vorwirft, sie würden das in Frage stellen. Sahra Wagenknecht wurde heftig angekreidet, dass die Linken der EU vorwerfen, sie sei undemokratisch. Damit wird eine sachliche Diskussion über den tatsächlichen Zustand der EU unmöglich gemacht.

Das Gleiche gilt für den Vorwurf, der diskutierte Text der Linkspartei unterstelle, die EU sei militaristisch. Damit verhindert man, dass die steigende Tendenz zu militärischen Interventionen und Aktionen der Europäischen Union wie auch der Bundesrepublik Deutschland kritisch hinterfragt wird.

4. **Die hohe Glaubwürdigkeit der öffentlich-rechtlichen Sender wird missbraucht.**

Viele von uns verbinden mit den öffentlich-rechtlichen Sendern noch ein besonderes Qualitätsmerkmal. Viele Sendungen sind auch wunderbar und zu begrüßen. Doch *ARD* und *ZDF* sind inzwischen mehrheitlich in Diensten der neoliberalen Ideologie und der Politik der militärischen Lösung von Konflikten. Die Ausnahmen bestätigen die Regel.

5. **Der Niedergang des *Stern* ist geradezu sagenhaft.**

Jörges, Mitglied der Chefredaktion des *Stern*, ist geradezu das Sinnbild des Niedergangs dieses Organs. Viele Leser erinnern sich nicht mehr, weil das lange her ist: Der *Stern* war einmal ein wirklich fortschrittliches und aufklärerisches Medium.

Man vergleiche den Auftritt von Jörges mit einem Kommentar des früheren Chefredakteurs Henri Nannen. Nannen hat sich vor gut 40 Jahren mit einer Kampagne rechtskonservativer und finan-

ziell gut ausgestatteter Kreise auseinandergesetzt. Er würde sich die Haare raufen, wenn er den jetzigen Zustand seines Blattes erleben müsste.

Die *Bild*-Zeitung als Türöffner des Rechtspopulismus

25. April 2014 / Rubrik: Manipulation des Monats / von Wolfgang Lieb

Mit den Schlagzeilen »*Wir sind die Lohndeppen Europas!*« und »*Die bittere Lohnabrechnung*« machte die *Bild*-Zeitung ihre gestrige Ausgabe auf. Unter Verweis auf Daten der EU-Kommission wird berichtet, dass die Reallöhne in Deutschland seit 1995 »*nur um gerade mal 2 Prozent gestiegen*« sind und das sei der niedrigste Wert in der EU. Die anderen Länder lebten auf »*unsere*« Kosten – das und eine Staatsbürokratie, die das Volk schröpft, seien die Ursachen für die »*mickrigen*« Reallohnsteigerungen. Diese Schuldverlagerungen sind zwei Angelpunkte rechtspopulistischer Agitation. In der Pose des Verteidigers der Interessen der deutschen Arbeitnehmer wird hier der Boden für rechtsradikale Propaganda bereitet.

Dazu wird dann noch die passende Grafik geliefert:

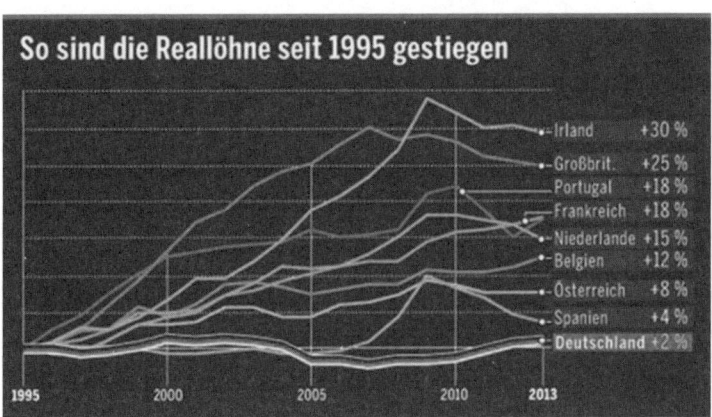

Quelle: *Bild.de*

Statt aber danach zu fragen, warum die Löhne – trotz der in der gleichen Zeitung verbreiteten Propaganda, dass die Wirtschaft boome und dass es »uns« doch so gut gehe – praktisch seit fast 20 Jahren stagnieren, lenkt die *Bild*-Zeitung den Zorn ihrer Leser/innen auf die »*Euro-Pleitestaaten*«, in die »*wir*« so viele Milliarden pumpten wie kein anderes Land.

Neben den im Vergleich zu Deutschland maßlosen Nachbarländern wird dem Staat und der Inflation die Schuld dafür zugeschoben, dass die Reallöhne bei uns »*so mickrig gestiegen*« sind.

Die auseinandergehende Schere zwischen Gewinneinkommen und Arbeitnehmerentgelten wird verschwiegen

Die *Bild*-Zeitung, die ansonsten Deutschland als Exportweltmeister feiert und den wirtschaftlichen Aufschwung rühmt, fragt nicht etwa danach, wie diese Erfolgsmeldungen mit den niedrigen Löhnen in Einklang zu bringen sind. Das Blatt verschweigt die auseinandergehende Schere zwischen den Gewinn- bzw. Vermögenseinkommen und Arbeitnehmerentgelten.

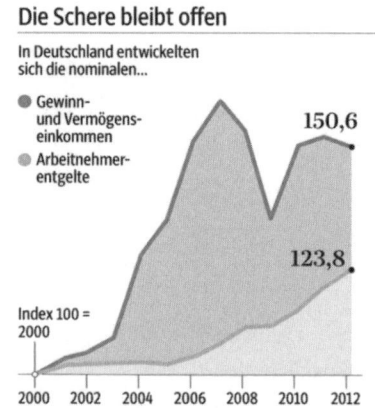

Die Schere bleibt offen

In Deutschland entwickelten sich die nominalen...

● Gewinn- und Vermögenseinkommen

● Arbeitnehmerentgelte

150,6

123,8

Index 100 = 2000

2000 2002 2004 2006 2008 2010 2012

Quelle: *Süddeutsche Zeitung*

Ein Blick auf diese Entwicklung könnte ja bei den Arbeitnehmern Begehrlichkeiten nach höheren Lohnforderungen wecken. Eine solche Perspektive ist bei einer Zeitung, für die Umverteilung ausschließlich in Form von Almosen im Armenhaus stattfinden darf, genauso wenig denkbar, wie die Tatsache, dass niedrige Löhne vor allem Ausdruck der Schwäche der Gewerkschaften gegenüber den Arbeitgeberorganisationen sind.

Dass nicht zuletzt die Arbeitsmarktreformen mit Hartz IV und »*einer der besten Niedriglohnsektoren in Europa*« (Gerhard Schröder) die Löhne in Deutschland drückten, ist natürlich in einem Hetzblatt gegen Abgehängte tabu. Berichte und Statistiken der EU-Kommission, die auf solche Zusammenhänge hinweisen, sind dieser Zeitung kaum eine Nachricht wert.

Weil also von der Umverteilung von unten nach oben oder schlicht von der Ausbeutung von Arbeit zugunsten des Kapitals abgelenkt werden soll, muss zunächst einmal die Inflation für die »*bittere Lohnabrechnung*« herhalten. Dabei würde umgekehrt ein Schuh draus.

Die Inflation fraß in Deutschland noch am wenigsten vom Lohn

Gerade die niedrigen Löhne in Deutschland haben zu einer im Vergleich zu den Nachbarn niedrigen Inflationsrate geführt. Niedriglöhne und niedrige Inflation haben wiederum dazu verholfen, dass Deutschland seine europäischen Partner im wirtschaftlichen Wettbewerb niederkonkurrieren konnte. Wenn überhaupt, müssten die Inflationsraten in Großbritannien, Portugal oder Frankreich die Nominallohnsteigerungen viel mehr aufgefressen haben als in Deutschland. An der Inflationsrate kann also die Stagnation der Reallöhne nicht gelegen haben.

Die Irreführung mit dem »*abkassierenden Staat*«

Bleibt also als Sündenbock der gefräßige Staat. Damit die Zahlen besonders dramatisch wirken, rechnet die *Bild*-Zeitung Steuern und die Beiträge für die sozialen Sicherungssysteme natürlich dem »abkassierenden Staat« zu.

Und hier geht die Manipulation der Leserinnen und Leser durch *Bild* dann erst richtig los:

Da wird folgende Grafik abgebildet:

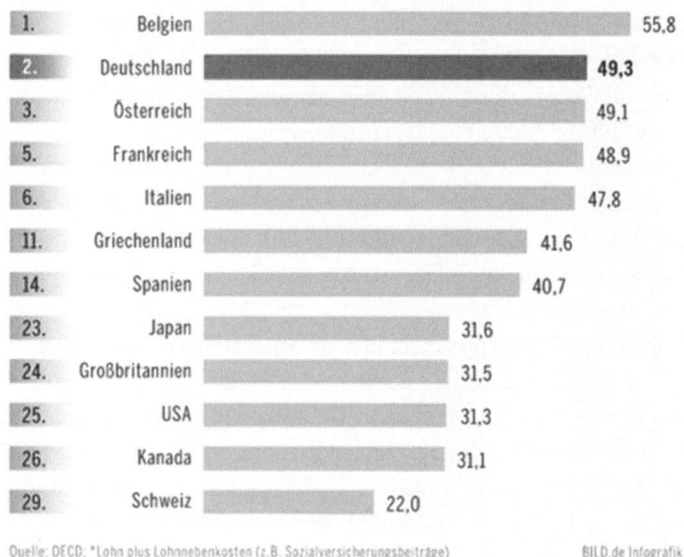

So viel Steuern und Abgaben werden fällig

Die Liste zeigt, wie viel Prozent der Arbeitskosten* (bei Alleinstehenden) in ausgewählten OECD-Ländern an den Staat gehen

1.	Belgien	55,8
2.	Deutschland	49,3
3.	Österreich	49,1
5.	Frankreich	48,9
6.	Italien	47,8
11.	Griechenland	41,6
14.	Spanien	40,7
23.	Japan	31,6
24.	Großbritannien	31,5
25.	USA	31,3
26.	Kanada	31,1
29.	Schweiz	22,0

Quelle: OECD; *Lohn plus Lohnnebenkosten (z.B. Sozialversicherungsbeiträge)   BILD.de Infografik

Quelle: *Bild.de*

Die Täuschung mit dem Vergleich zwischen Löhnen und Arbeitskosten

Plötzlich geht es nicht mehr um Löhne, sondern um die »*Arbeitskosten*«, das heißt die Gesamtkosten, die der Arbeitgeber hat, indem er nicht nur den Bruttolohn ausbezahlt, sondern auch noch seine gesetzlichen Arbeitgeberbeiträge zu den Sozialversicherungen und die Aufwendungen für die betriebliche Altersvorsorge hinzurechnet.

Es zahlt also nicht der Alleinstehende von seinem Bruttolohn 49,3 Prozent Steuern und Abgaben, sondern das ist der Anteil an den gesamten Arbeitskosten des Arbeitgebers.

Die Täuschung über den raffgierigen Fiskus

Die weitere Täuschung ist: Die 49,3 Prozent der Arbeitskosten gehen nicht etwa, wie es in der *Bild*-Zeitung heißt, an den »*Fiskus*«, also auf gut Deutsch ans Finanzamt, sondern vor allem an die Renten-, an die Kranken- oder an die Pflegeversicherung.

Privatvorsorge käme für den Arbeitnehmer nicht billiger

Nun kann man natürlich darüber hadern, dass es in Deutschland im Gegensatz zu anderen Ländern eine gesetzliche Renten-, Kranken- und Pflegeversicherung gibt. Man glaube aber bloß nicht, dass der Arbeitnehmer weniger von seinem Bruttolohn aufwenden müsste, wenn er die Alters- oder Krankheitsvorsorge privat versichern müsste, wie das in anderen Ländern vollständig oder teilweise der Fall ist.

Am Beispiel der Riester-Rente lässt sich das gut darstellen. Da der Beitrag zur gesetzlichen Rente aus politischen Gründen gedeckelt werden sollte, sollte der Arbeitnehmer, um die kontinuierliche Rentensenkung auszugleichen, vier Prozent seines Bruttolohns allein (ohne paritätische Finanzierung durch den Arbeitgeber) in die private Vorsorge einbezahlen. Diese vier Prozent vom Bruttolohn werden natürlich in keiner Statistik mehr erfasst, schon gar nicht als staatliche Abgabe. Wenn also z.B. Großbritannien oder die USA geringere Prozentanteile an den Arbeitskosten für Sozialversicherungsabgaben haben, so heißt das, dass die Arbeitnehmer, wenn sie ein entsprechendes Sicherungsniveau erreichen wollten, einen höheren Anteil ihres Bruttolohns für die soziale Absicherung einsetzen müssten.

Arbeitskosten, Bruttolöhne und Nettolöhne

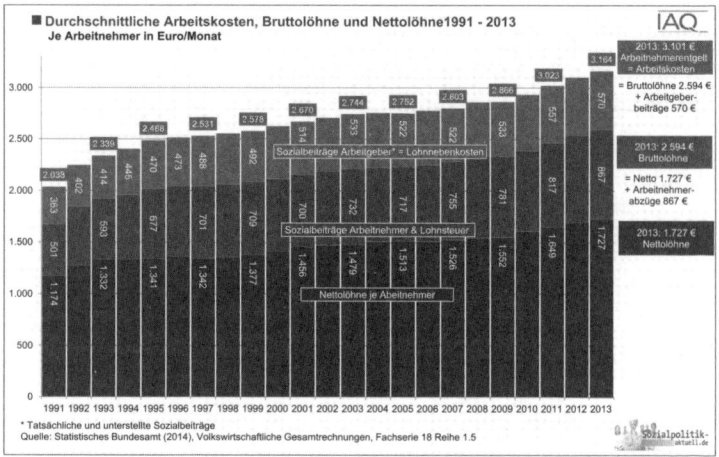

Quelle: *Sozialpolitik aktuell*

Wie man aus dieser Grafik entnehmen kann, beträgt der durchschnittliche monatliche Nettolohn 1 727 Euro, also 66,6 Prozent des Bruttolohns. Das heißt, für den Arbeitnehmer fallen 33,4 Prozent seines Bruttolohns an Steuern und Sozialabgaben an. Das ist zwar über ein Drittel, aber eben nicht fast die Hälfte, wie die Darstellung der *Bild*-Zeitung nahelegt.

Der Mythos der zu hohen Lohnnebenkosten

Betrachtet man einmal die so genannten Lohnnebenkosten auf 100 Euro Bruttoverdienst, so sieht die Rangfolge der Staaten weitaus weniger dramatisch aus, als die *Bild*-Zeitung zu vermitteln versucht. Deutschland liegt dabei im hinteren Mittelfeld:

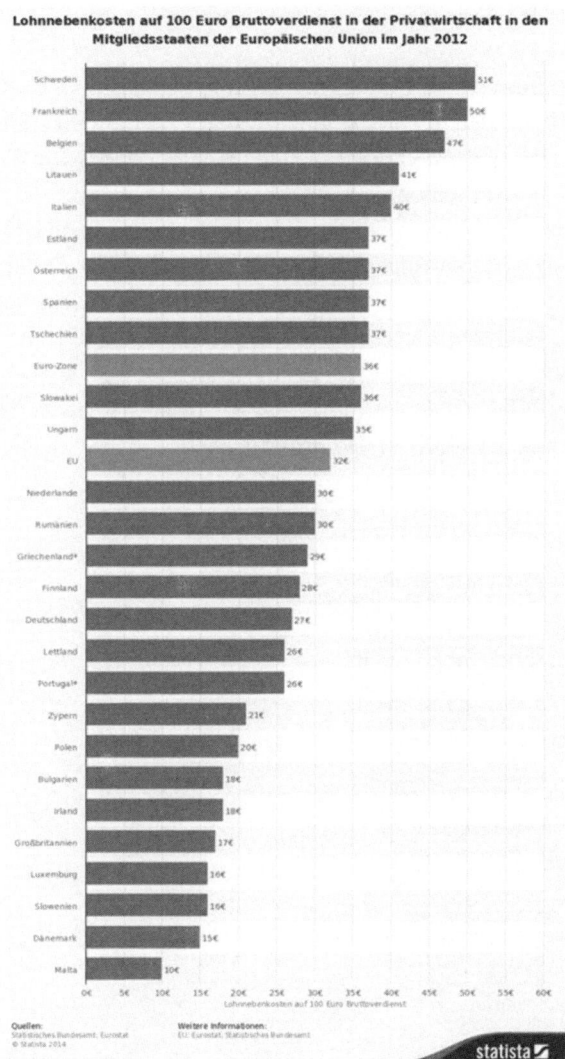

Lohnnebenkosten auf 100 Euro Bruttoverdienst in der Privatwirtschaft in den Mitgliedsstaaten der Europäischen Union im Jahr 2012

Land	Lohnnebenkosten
Schweden	51€
Frankreich	50€
Belgien	47€
Litauen	41€
Italien	40€
Estland	37€
Österreich	37€
Spanien	37€
Tschechien	37€
Euro-Zone	36€
Slowakei	36€
Ungarn	35€
EU	32€
Niederlande	30€
Rumänien	30€
Griechenland*	29€
Finnland	28€
Deutschland	27€
Lettland	26€
Portugal*	26€
Zypern	21€
Polen	20€
Bulgarien	18€
Irland	18€
Großbritannien	17€
Luxemburg	16€
Slowenien	16€
Dänemark	15€
Malta	10€

Lohnnebenkosten auf 100 Euro Bruttoverdienst

Quellen:
Statistisches Bundesamt, Eurostat
© Statista 2014

Weitere Informationen:
EU: Eurostat, Statistisches Bundesamt

statista

Quelle: *Statista*

Steuerabzüge als Sündenbock

Da die *Bild*-Zeitung erklärtermaßen die Rolle der aus dem Bundestag gewählten FDP als Steuersenkungspartei einnimmt, dürfen natürlich die »*Rekord*«-Steuerabzüge als Sündenbock für die Lohnstagnation nicht fehlen.

Legt man jedoch nicht die in der *Bild*-Zeitung angeführte Grafik, sondern die Original-Angaben der von diesem Blatt als Quelle genannten OECD zugrunde, so erkennt man unschwer, dass der Einkommenssteueranteil an den Arbeitskosten mit 16,04 Prozent unter dem Anteil Italiens und etwa auf der Höhe der USA liegt.

Die Originalgrafik der OECD zu den Arbeitskosten:

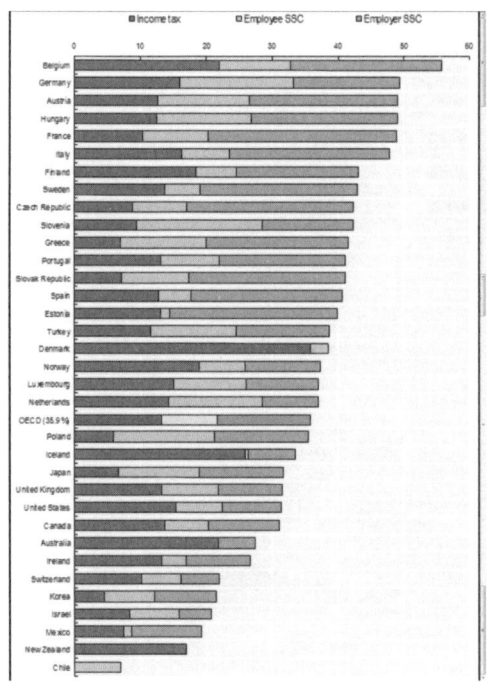

Quelle: *OECD*

Grundsätzlich muss man immer wieder darauf hinweisen, dass Deutschland mit einer Steuerquote (Steuern im Verhältnis zum Bruttoinlandsprodukt) von 22,8 Prozent im internationalen Vergleich ein Niedrigsteuerland ist.

Bei der Lohnsteuerbelastung liegt Deutschland im Mittelfeld

Aber auch bei der Lohnsteuer hält sich die Belastung bei dem im Hinblick auf eine hohe Steuerlast immer so gern herangezogenen »Alleinstehenden ohne Kind« im mittleren Feld: Es sind bei einem Durchschnittseinkommensbezieher 19 Prozent. Vollends undramatisch wird es, wenn man die Lohnsteuerbelastung eines verheirateten Durchschnittsverdieners mit zwei Kindern heranzieht, diese liegt mit 0,4 Prozent nahezu unschlagbar niedrig.

Die Irreführung mit der »kalten Progression«

Die *Bild*-Zeitung wäre nicht das Propaganda-Organ des Steuersenkungs-Lobbyverbandes *Bund der Steuerzahler*, wenn auch in diesem Artikel nicht der Eindruck erweckt würde, als bliebe durch die so genannte »kalte Progression« nichts von einer Lohnerhöhung übrig.

»3,7 % mehr Gehalt, 13,9 % mehr Steuern«, heißt es da in einer Zwischenüberschrift.

Durch die Steuerprogression steigt ab jedem Euro, den man mehr verdient (aber auch erst dann), der Prozentsatz der Besteuerung. Auch bei der »kalten Progression« handelt es sich um einen Prozentanteil des erhöhten Einkommens. Hier kann nie – wie immer wieder suggeriert wird – ein Minus herauskommen. Es bleibt – gefühlt – nur nicht mehr so viel von dem hinzugewonnenen Einkommen netto in der Tasche.

Es ist also eine plumpe Irreführung, wenn die *Bild*-Zeitung den Chemiewerker Sakireev zitiert: *»Das ist ungerecht! Nur weil mein Betrieb noch etwas drauflegt, habe ich überhaupt etwas von meiner Lohnerhöhung.«*

Auch ich wünsche mir, dass die Progressionszone vom steuer-freien Grundfreibetrag von 8 354 Euro bis zum Spitzensteuersatz von 42 Prozent bei einem Einkommen von 52 881 Euro (beim Einzel-verdiener) nach oben verschoben würde. Es ist ein Skandal, dass ein Einkommensmillionär für die ersten 52 881 Euro genau so viel (oder wenig) Steuern bezahlt wie ein gut verdienender Facharbeiter.

Nationalpopulistische Aufhetzung der deutschen Arbeitnehmer

Nationalpopulistisch wird die *Bild*-Zeitung, wenn sie die deutschen Arbeitnehmer gegen ihre europäischen Kollegen aufzuhetzen ver-sucht, die in den letzten zwei Dekaden höhere Reallöhne durchgesetzt haben. (Was im Übrigen nichts über die absolute Lohnhöhe aussagt.)

Bild will seinen Lesern einreden, die Lohnsteigerungen hätten unsere europäischen Nachbarstaaten in die Pleite geführt, in die wir jetzt – angeblich – so viele Milliarden pumpen müssten wie kein anderes Land.

Die Lohnsteigerungen bei unseren Nachbarn haben jedoch zu-nächst einmal dazu geführt, dass dort im Gegensatz zu Deutsch-land die Binnennachfrage gestiegen ist:

Die Steigerung der Binnennachfrage in diesen Ländern hat wiederum dazu geführt, dass wir unsere durch niedrige Lohnstei-gerungen billigen Produkte dort verkaufen konnten. Gleichzeitig haben »wir« aufgrund der geringen Lohnsteigerungen eben weni-ger Produkte aus dem Ausland kaufen können – daher die Leis-tungsbilanzüberschüsse von Deutschland und die Leistungsbi-lanzdefizite vor allem in den südeuropäischen Ländern.

Mag sein, dass einige europäische Nachbarn »*über ihre Verhält-nisse*« gelebt haben, aber jedenfalls haben die deutschen Arbeit-nehmer weit unter ihren Verhältnissen gelebt. Umso bösartiger ist es, wenn nun die *Bild*-Zeitung die »*bittere Lohnabrechnung*« nicht etwa als Argument für höhere Löhne in Deutschland gebraucht, sondern im Gegenteil Neid, ja sogar Hass auf die Arbeitnehmer in unseren Nachbarländern sät.

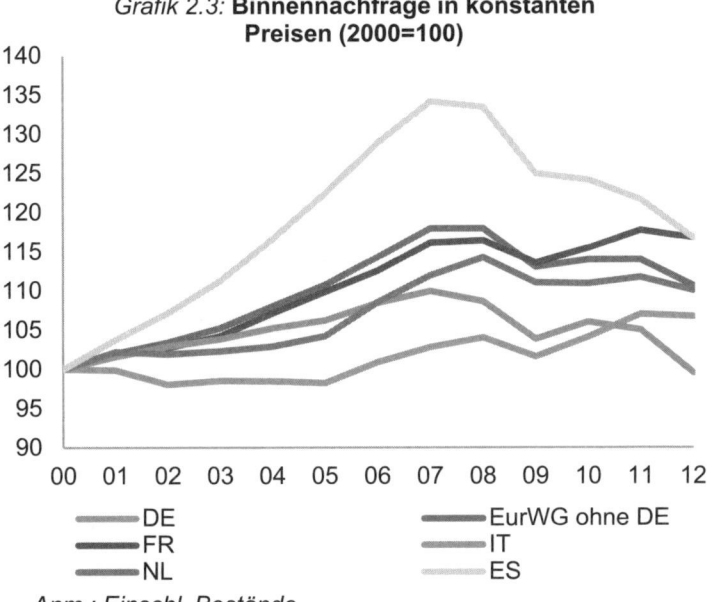

Grafik 2.3: **Binnennachfrage in konstanten Preisen (2000=100)**

DE   EurWG ohne DE
FR   IT
NL   ES

Anm.: Einschl. Bestände

Quelle: *EU-Kommission*

Mit höheren Löhnen könnten deutsche Arbeitnehmer mehr Produkte auch von den europäischen Nachbarn kaufen. Stattdessen wird eine Stimmung erzeugt, die glauben macht, die Südeuropäer seien selbst an ihrer Misere schuld und ihre Löhne müssten deswegen gesenkt werden.

Wer dann, wenn überall die Löhne gesenkt sind, die in Europa hergestellten Waren noch kaufen soll, das steht auf einem anderen Blatt. Aber wenn Deutschlands Exporte einbrechen und das erneut die Arbeitnehmer zu spüren bekommen, dann wird die *Bild*-Zeitung wieder einen neuen Sündenbock finden, auf den sie die Schuld abladen kann. Vermutlich werden es wohl wieder die Ausländer oder der Sozialstaat sein.

Europa – mehr Demokratie wagen!

23. Mai 2014 / Rubrik: Aktuelles, Europäische Union, Wahlen, Koalitionen & Parteien / von Jens Berger

Seit gestern sind rund 375 Millionen Menschen in der EU aufgerufen, ein neues EU-Parlament zu wählen. Viel zu wenige werden diesem Ruf folgen. Wenn am Sonntagabend die Ergebnisse veröffentlicht sind, wird der Katzenjammer der etablierten Politik groß sein. Die Heuchelei kennt keine Grenzen. Wer jahrelang die Demokratie mit Füßen getreten und Europa für seine eigenen Interessen missbraucht hat, braucht sich nicht darüber zu wundern, wenn die Bürger sich vom politischen Europa abwenden. Doch diese Entwicklung ist fatal. Nur mit einem Mehr an Demokratie kann das europäische Projekt noch gerettet werden.

Auf die Frage »Was ist Europa?« gibt es viele Antworten. Seitens der etablierten Politik wird man jedoch vergeblich auf eine ernsthafte Antwort auf diese eigentlich doch selbstverständliche Frage warten. Stattdessen bekommt man Floskeln zu hören, die aus einem Paralleluniversum stammen könnten. Das real existierende Europa hat jedoch nur sehr wenig mit diesem Sonntagsreden-Europa zu tun. Das politische Europa folgt einer marktkonformen Ideologie, ist ein Europa der Reichen und Mächtigen, dem die Wünsche und Träume seiner Bürger relativ egal sind und das himmelschreiende demokratische Defizite in nahezu allen Bereichen aufweist. Selbst für bekennende Europa-Freunde wird es da von Tag zu Tag schwieriger, den Traum von einem gemeinsamen politischen Europa zu verteidigen. Die bittere Realität lässt immer weniger Platz dafür.

Na klar, wir haben ein Europäisches Parlament. Das hört sich doch sehr nach Demokratie an. Leider hat dieses Parlament jedoch kaum etwas zu sagen, wenn es hart auf hart kommt. In einer echten Demokratie wählt ein Parlament die Regierung, kontrolliert sie und spricht ihr bei einem groben Zerwürfnis das Misstrauen aus, um entweder eine neue Regierung zu wählen oder sich selbst durch Neuwahlen neu zu konstituieren. All dies trifft auf das Europäische Parlament nicht zu. Die »EU-Regierung«, also die Europäische Kommission, wird stattdessen von den Staatschefs der EU-Länder im Hinterzimmer ausgeklügelt und dem Parlament lediglich zum Abnicken vorgelegt.

In diesem Jahr soll dies alles plötzlich anders sein. Die Spitzenkandidaten der europäischen Parteien, die einen Zusammenschluss der nationalen Parteien bilden, treten im Wahlkampf als Kandidaten für das Amt des EU-Kommissionspräsidenten auf. Doch dies ist Augenwischerei. Das Amt wird hinter den Kulissen ausgekungelt. Warum erweckt man dann bei den Wählern den Eindruck, sie würden eine Regierung wählen?

Diese Täuschung ist symptomatisch für das politische Europa. Egal was in Brüssel entschieden wird – das Volk wird nicht gefragt und seine Vertreter in Straßburg werden zwar gehört, aber nur dann ernst genommen, wenn ihr Votum der EU-Kommission im fernen Brüssel genehm ist. Die Linie der EU-Kommission wird wiederum maßgeblich vom starken Deutschland, genauer gesagt von dessen Regierung bestimmt. Egal, um wessen Interessen es sich handelt – im Zweifel wird nicht im Interesse der europäischen Bürger, sondern im Interesse der deutschen Banken und der deutschen Industrie entschieden. Mit Demokratie hat dies nichts, aber auch gar nichts zu tun.

Dennoch, bei aller berechtigten Kritik an den europäischen Institutionen: Für seine Machtlosigkeit kann das Europäische Parlament nichts. Im Gegenteil. In der jüngeren Vergangenheit ist es mehrfach dadurch aufgefallen, dass es gegen die marktkonforme Linie der Kommission rebelliert hat. Doch leider sind Straßburg hier bei wichtigen Weichenstellungen die Hände gebunden. Wer Europa stärken will, muss diese undemokratische Kastration der einzigen demokratisch legitimierten Institution der EU überwinden. Wer Europa retten will, muss mehr Demokratie wagen.

Die Chancen dafür stehen, realistisch betrachtet, jedoch nicht sonderlich gut. Der größte Gewinner der Europawahlen wird ausgerechnet das Lager der Europagegner sein. Egal ob es sich um den französischen Front National oder die britische UKIP handelt – in den meisten EU-Ländern sind die Rechtspopulisten auf dem Vormarsch. Auch in Deutschland könnten sechs AfD-Abgeordnete und ein NPD-Vertreter ein Mandat für das EU-Parlament erringen. Darüber mag man klagen. Wenn man sich jedoch anschaut, wie Europa systematisch durch die etablierte Politik beschädigt wird, darf man sich über diese Entwicklung nicht wundern. Im Gegenteil. Es ist bemerkenswert und erfreulich, dass im krisengeschüttelten Europa nicht noch mehr Menschen auf die rechten Rattenfänger hereinfallen. Doch auch hier lässt die Zukunft Böses erahnen.

Paradoxerweise wird der Rechtsruck die Entwicklungen, die auch die Wähler der Rechten kritisieren, weiter verstärken. Ein EU-Parlament, das zu einem nicht geringen Teil aus EU-Gegnern besteht, wird ganz sicher nicht die Fähigkeit haben, sich selbst zu einem demokratischen Organ für ein besseres Europa aufzuschwingen. Dadurch wird seine Bedeutung noch weiter zurückgehen und die marktkonforme EU-Kommission wird ihre Macht noch weiter ausbauen können. Angela Merkel wird dies sicher außerordentlich freuen.

Wer mehr Demokratie wagen und die demokratischen Institutionen in der EU stärken will, muss die Parteien im europäischen Parlament stärken, die sich für ein demokratischeres Europa einsetzen. Wunder darf man sich davon jedoch nicht erwarten. Der Marsch in ein besseres, demokratisches Europa ist lang und steinig. Doch jeder lange Marsch beginnt mit dem ersten Schritt. Der größte Fehler wäre es, seinem durchaus gerechtfertigten Ärger über Europa durch eine Nichtteilnahme an den Wahlen Ausdruck zu verleihen. Dies würde genau die Kräfte stärken, die mit weniger Demokratie sehr gut leben können und Europa ohnehin ablehnen.

Die Verantwortung von Merkel für die Erfolge der Rechtsextremen und die EU-Müdigkeit

28. Mai 2014 / Rubrik: Aktuelles, Europäische Union, Wahlen, Koalitionen & Parteien / von Albrecht Müller

Wenn hohe Arbeitslosigkeit und wirtschaftliche Not herrschen, wenn berufliche Perspektiven und soziale Sicherheit schwinden, dann ist es kein Wunder, dass viele Menschen hilflos nach politischen Rettungsankern bei den Rechten suchen. Die Geschichte zeigt, dass sie dann die Schuld Ausländern und Minderheiten zuschieben oder sich aus der politischen Beteiligung verabschieden. Es sei denn, die Verantwortlichen werden, wie von der griechischen Linken, benannt und an den Pranger gestellt.

Die Politik der Bundesregierung und der sie tragenden Kräfte hat wesentlich dazu beigetragen, dass die Volkswirtschaften Europas stagnieren und Arbeitslosigkeit in einzelnen Ländern geradezu explodiert. Wir haben anderen Völkern eine »Spar- und Reformpolitik« aufgezwungen. Die Europäische Kommission hat in ideologischer Verblendung dabei versagt, die Leistungsbilanzen und die Wettbewerbsfähigkeiten in Europa einigermaßen im Lot zu halten.

Wir haben in einigen Ländern eine Stagnation wie in der Weltwirtschaftskrise des letzten Jahrhunderts verursacht

Merkel und Co. haben diese Krise wesentlich zu verantworten. Deutschland hat Arbeitslosigkeit exportiert und sich damit einigermaßen saniert. »Einigermaßen« muss man anmerken, weil bei uns der Boom vor allem die Exportwirtschaft begünstigt. In anderen Bereichen und in vielen Regionen Deutschlands sieht es düster aus.

Der Export von Arbeitslosigkeit ist eine wirtschaftspolitische Strategie, die in einer Gemeinschaft der Völker eigentlich hart bestraft werden müsste. Es ist ein Verhalten, das von der Europäischen Kommission, wenn sie sich für das Ganze zuständig fühlen würde und nicht einer Ideologie verpflichtet wäre, hätte bekämpft werden müssen.

Von einer solchen oder ähnlichen Analyse des Wahlergebnisses vom Sonntag konnten Sie in deutschen Medien wenig lesen, hören und sehen. Sie haben ziemlich gleichgerichtet kommentiert. Typisch für Berichte und Kommentare in deutschen Medien ist beispielsweise die Schuldzuweisung an den französischen Präsidenten und seine Partei, wenn der große Anstieg der Rechten in Frankreich erklärt werden soll.

Ich will Hollande nicht verteidigen. Er hat sich dem Druck Deutschlands und der EU angepasst. Aber hatte er wirklich eine andere Wahl? Auch seine deutschen Parteifreunde haben ihm und den französischen Sozialisten nicht die notwendige sachliche und propagandistische Unterstützung zukommen lassen. Das war wohl auch nicht zu erwarten, weil die deutschen Sozialdemokraten mit ihrer Agenda 2010 und dem Aufbau des Niedriglohnsektors die europäische Schieflage und damit auch den Druck auf Frankreich wie auf andere Staaten mitgetragen haben.

Hollande hätte den Widerstand gegen die Austeritätspolitik anführen und daraus ein großes Thema machen müssen. Das wäre wegen der Macht der Finanzmärkte schwierig gewesen. Aber die jetzige Situation ist auch schwierig. Und das Anwachsen der Rechten in Frankreich wird die französischen Sozialisten wie auch ganz Europa noch sehr strapazieren.

Die Konsequenz der richtigen Analyse

Natürlich ist die Auswahl des Spitzenpersonals für Europa, die jetzt die Schlagzeilen beherrscht, von Bedeutung. Aber die zentrale Frage ist der Kurswechsel. Europa muss raus aus der Wirtschaftskrise. Wir brauchen eine expansive Beschäftigungspolitik. Die neoliberale Orientierung muss ein Ende finden. In der Eurozone müssen wir mit der Anpassung der Wettbewerbsfähigkeiten beginnen.

Vielleicht kommt einem Verlierer wie Hollande und seinem deutschen Parteifreund Schulz, dem Spitzenkandidaten der europäischen Sozialdemokraten und Sozialisten, noch die Erleuchtung. Sie müssen die richtige Konsequenz aus der Wahlniederlage ziehen und mit anderen Partnern in Europa die Wende zu einer expansiven Politik und zu einer Politik der sozialen Sicherung schaffen. Es ist höchste Zeit für diese Wende. Zumindest das hat das Ergebnis der Europawahlen gezeigt.

Nach der Europawahl – Vorhang auf zum Laienspiel

2. Juni 2014 / Rubrik: Audio-Podcast, Europapolitik, Wahlen, Koalitionen & Parteien / von Jens Berger

Eine Woche nach der Europawahl herrscht in den Kommentarspalten und Feuilletons der Republik wohl konditionierte Aufregung. Dabei wird die Personalie des künftigen Kommissionspräsidenten zur Gretchenfrage der europäischen Demokratie stilisiert. »Weiter so!«, heißt offenbar die Devise, die selbst von vermeintlichen Kritikern des Merkelschen Demokratieverständnisses ausgerufen wird.

Jürgen Habermas mahnt in einem Interview mit der *FAZ*, es sei ein *»Angriff auf die Demokratie«*, wenn die Regierungschefs bei der Wahl des Kommissionspräsidenten das Wählervotum missachten würden. Rolf-Dieter Krause, Chef des *ARD*-Studios in Brüssel, bezeichnet Merkels Linie bei dieser Personalfrage gar als *»Dummheit«*. Was nach harter Kritik klingt, ist bei näherer Betrachtung jedoch eine lupenreine Spiegelfechterei.

1. **Juncker vs. Schulz**

Sogar der ansonsten vergleichsweise kritische Jürgen Habermas postuliert in der *FAZ*, dass der Wähler erstmals eine *»europaweit erkennbare [und] grundsätzliche Alternative«* zwischen den beiden Spitzenkandidaten der großen politischen Blöcke gehabt hätte. Ist das wirklich sein Ernst? Sowohl Juncker als auch Schulz sind als ehemaliger Eurogruppenchef bzw. amtierender Präsident des Europaparlaments integraler Bestandteil der EU-Nomenklatura. In nahezu allen grundsätzlichen Fragen haben Juncker und Schulz keine nennenswerten Meinungsverschiedenheiten, wie nicht zuletzt die einschläfernden »*TV-Duelle*« im Vorfeld der Wahl aufs Neue zeigten. Sowohl Juncker als auch Schulz würden als Kommissionspräsident den aus Berlin vorgegebenen Kurs tragen, ja sogar offensiv verteidigen. Wer die Wahl zwischen Juncker und Schulz zu einer echten Wahl für politische Alternative stilisiert, verteidigt damit den Status quo.

2. **Juncker als Fanal der Demokratie**

Es ist geradezu lächerlich, wenn ausgerechnet Jean-Claude Juncker als Fanal der Demokratie dargestellt wird. Unter einem Kommissionspräsidenten Juncker würde sich die EU genauso reformieren wie die Sowjetunion unter Konstantin Tschernenko. Juncker hat in der Vergangenheit sämtliche politischen Fehler der EU im besten Falle mitgetragen und im schlimmsten Falle aktiv mitverantwortet. Juncker ist der oberste Vertreter der Bankeninteressen auf europäischer Ebene, der als Eurogruppenchef stets das luxemburgische Geschäftsmodell der Finanzmarktliberalisierung und des Steuerdumpings mit Zähnen und Klauen verteidigt hat. Als Stimme einer demokratischen EU ist Juncker bis zu seiner Nominierung jedenfalls nie in Erscheinung getreten. Nur weil Jean-Claude Juncker womöglich die Mehrheit der EU-Parlamentarier hinter sich vereinigen kann, heißt dies noch lange nicht, dass die EU dadurch wesentlich demokratischer würde. Dies wäre erst dann der Fall, wenn das Europaparlament echte parlamentarische Rechte bekäme.

3. **Lissabon-Verträge**

Dass die Europaparlamentarier überhaupt den von den Staatschefs vorgeschlagenen Kandidaten für den Kommissionspräsidenten abnicken dürfen, ist eine Folge des Lissabon-Vertrags. Dieses kleine bisschen »Mehr« an Demokratie darf jedoch nicht darüber hinwegtäuschen, dass der Lissabon-Vertrag in sehr vielen anderen Punkten das Demokratiedefizit der EU manifestiert. Es ist daher auch töricht, den Lissabon-Vertrag nun als große demokratische Evolution zu feiern, nur weil das Europäische Parlament einen Personalvorschlag abnicken darf, der nach wie vor von einem nicht gewählten Gremium eingereicht wird.

4. **Großbritannien als Bösewicht**
   Die Rolle der »Bösen« ist in diesem Laienspiel natürlich auch schon vergeben: David Cameron und Viktor Orbán, die für diese Rolle prädestiniert sind, lehnen offenbar Jean-Claude Juncker ab. Na und? Weder Großbritannien noch Ungarn haben bei dieser Personalie ein Vetorecht. Sollte Juncker beim Rest der EU-Regierungschefs wirklich mehrheitsfähig sein, dann ließe er sich auch ohne die Zustimmung der Herren Cameron und Orbán nominieren. Es ist ja auch paradox. Sowohl Cameron als auch Orbán bezeichnen die EU stets – nicht zu Unrecht – als Schacher-Klub, bei dem die wichtigen Entscheidungen wie auf einem Viehmarkt hinter geschlossenen Türen getroffen werden. Und nun wollen sie selbst hinter den Kulissen feilschen? Wenn nun Großbritannien aufgrund einer vergleichsweise transparenten Personalentscheidung aus der EU austreten will, dann sei dem so. Der Verdacht, dass die britische Drohung nur vorgeschoben wird, um doch einen »dritten Kandidaten« aus dem Hut zu zaubern, ist jedoch durchaus berechtigt. Immerhin geht es hier um den Ruf von Angela Merkel.

5. **Steilvorlage Merkel**
   Angela Merkel kann – so paradox es sich anhört – diesen Personalkonflikt nur als Siegerin verlassen. Mit einem Kommissionspräsidenten Juncker könnte sie sicher gut leben. Schon in der Vergangenheit hat Juncker Merkels Politik zwar gerne oberflächlich kritisiert. Echter Widerstand ist von Seiten Junckers

jedoch kaum zu erwarten. Noch lieber wäre Angela Merkel jedoch ein treuer Vasall, der sie selbst in Sachen Marktkonformität noch übertrifft. Für diese Rolle ist der ehemalige finnische Ministerpräsident Jyrki Katainen vorgesehen, der als Merkels erste Wahl für den EU-Kommissionspräsidenten gilt. Katainens Chancen schmolzen jedoch in den vergangenen Wochen wie ein Stück Rentierbutter in der prallen Sonne von Lampedusa. Es ist sehr unwahrscheinlich, dass das EU-Parlament nach all dem lauten Getöse einen dritten Mann akzeptiert.

Schlussendlich ist es jedoch egal, ob Juncker oder Katainen das Rennen machen. Für die deutsche Öffentlichkeit wird Angela Merkel die große Siegerin sein.

Sollte Juncker nominiert und abgenickt werden, hat sich Merkel wieder einmal »knallhart« gegen die »egoistischen« Interessen der Briten durchgesetzt und zudem die EU demokratisch »gestärkt«. Ein abgekartetes Spiel. Da würde dann auch ein Rolf-Dieter Krause, der momentan wenig überzeugend den Merkel-Kritiker mimt, zu einem Loblied auf die schlaue Uckermärkerin anstimmen. Dann wird es »Weiter so!« heißen und die Kritiker an den Demokratiedefiziten der EU sind die eigentlichen Verlierer. Denn nun haben wir ja einen vermeintlich demokratisch gewählten Kommissionspräsidenten.

Worüber nicht mehr gesprochen wird

Nach den Wahlen haben nun die Personalentscheidungen Hochkonjunktur. Inhaltliche Fragen sind in den Hintergrund getreten, wie auch Georg Diez auf *Spiegel Online* feststellt. War da was? Was ist nun mit dem Rechtsruck? Was mit den erschütternden Erfolgen rechtsradikaler Parteien? Wo bleibt die Debatte über die desaströsen Folgen der Austeritätspolitik?

Wie man aus dem Vertreter einer Steueroase die Hoffnung Europas macht

10. Juni 2014 / Rubrik: Aktuelles, Europäische Union, Strategien der Meinungsmache, Wahlen, Koalitionen & Parteien / von Albrecht Müller

Am 6. Juni erschien ein Aufruf von Wissenschaftlern und anderen Prominenten zur Wahl von Jean-Claude Juncker zum Kommissionspräsidenten. Unterzeichnet haben auch Personen, die man normalerweise dem fortschrittlichen Lager zurechnet: Habermas, Horn, Offe zum Beispiel. Sie haben sich offenbar mit dem Kandidaten nicht näher beschäftigt. Juncker ist nett, aber er ist mit Banken und großen Medieninteressen verfilzt und auch noch der Geburtshelfer einer der größten Steueroasen. Für ihn mit dem Argument zu streiten, er sei der Spitzenkandidat der siegreichen Europäischen Volkspartei und deshalb gebiete der demokratische Anstand, ihn zum Präsidenten der Kommission zu machen, ist ziemlich komisch. Als fortschrittlich geltende Personen lassen sich missbrauchen; damit wiederholt sich, was wir schon bei der Durchsetzung der Agenda 2010 und der Privatisierung der Altersvorsorge erlebt haben.

Wie Werner Rügemer zusammengetragen hat, hat Juncker für die Banken und die Spekulanten, für die Anerkennung von Hedgefonds und Private-Equity-Fonds eine fördernde Rolle in der Europäischen Union gespielt. Rügemer erinnert auch an die Rolle Luxemburgs unter der Ägide Junckers bei der Durchsetzung der Kommerzialisierung des Fernsehens in Deutschland. Weil ich damals im Kanzleramt den Widerstand gegen die Kommerzialisierung ein ganzes Stück weit mitgestaltet habe, weiß ich noch sehr genau, welche unschöne Rolle Luxemburg im Verein mit Bertelsmann bei der Zerstörung unserer einigermaßen vernünftigen Medienordnung gespielt hat.

Wenn jetzt die Unterzeichner für Juncker mit dem Argument werben, hier gehe es um Respekt vor der Demokratie, dann kann ich nur lachen. Junckers Luxemburg hat einen wichtigen Beitrag zur Erosion demokratischer Willensbildung in der Bundesrepublik Deutschland geleistet.

Formal-demokratische Argumentation der Unterzeichner

Die Unterzeichner rufen die Mitglieder des Europäischen Parlaments »*dazu auf, sich um den Kandidaten zu versammeln, dessen Partei die meisten Sitze erlangen konnte. Die Europäische Volkspartei ist aus den Wahlen als stärkste Parteiengruppe hervorgegangen. Der Europäische Rat sollte somit nun den Kandidaten der EVP vorschlagen: Jean-Claude Juncker.*« Das kann man ja so sehen. In einigen europäischen Ländern gilt die Regel, dass der Spitzenkandidat der stärksten Partei mit der Regierungsbildung beginnt. Aber bei uns gilt das zum Beispiel nicht. Bei uns sind Koalitionen möglich, auch gegen die stärkste Partei. Und dazu hätte man ja auch aufrufen können.

Hinzu kommt noch das schwache Ergebnis für jene Partei, die jetzt bestimmen soll, wer der Kommission vorsitzt. Die christlich-demokratische Parteienfamilie kam in der gesamten EU auf 28,23 Prozent der Stimmen und damit deutlich weniger als 2009 (35,77). Es folgen die Sozialisten mit 24,77 Prozent. Wegen 28,23 Prozent und noch dazu für einen Kandidaten der Finanzwirtschaft und der Steueroasen den Aufwand eines Aufrufs zu betreiben, ist schon beachtlich.

Der Vorgang zeigt auch, wie bescheiden es um die Intellektuellen in Europa steht. Immerhin gehören mit Jürgen Habermas, Ulrich Beck, Costas Simitis, Tony Giddens und Paul De Grauwe einige Persönlichkeiten zu den Unterzeichnern, die man als Repräsentanten des geistigen Lebens bezeichnen könnte.

Wer sind und was wollen die NachDenkSeiten?

Zehn Jahre ist unser Projekt jetzt schon alt – und die Besucherzahlen steigen weiter. Zwischen 60 000 und 70 000 Menschen sind es im Durchschnitt täglich, die unser Angebot wahrnehmen, mit uns gegen den Meinungs-und Medien-Mainstream zu schwimmen. Aus den vielen Geburtstagswünschen, die uns erreicht haben, wissen wir, dass wir für viele Leser eine feste Konstante geworden sind. Sogar auf Facebook haben wir inzwischen über 50 000 Freunde. Diese große Zustimmung treibt uns weiter an.

Mit unseren »*Hinweisen des Tages*« bieten wir einen Informationsservice, der auf interessante Links, Sendungen und Artikel verweist und diese auch kommentiert. Unser Kernstück, das »*Kritische Tagebuch*«, ordnet die Zeitläufte ein und versucht, aktuelle Themen aus einem anderen Blickwinkel zu betrachten. Natürlich sind Meinungsmanipulationen unser »täglich Brot«.

Zahlreiche Gastbeiträge und das Feedback unserer Leser ergänzen unser Angebot, dass wir ohne ökonomische Interessen betreiben.

Danke dem Westend Verlag, der es wieder möglich gemacht hat, in einem Jahrbuch – es ist nun schon das achte – die wichtigsten Artikel der Herausgeber Wolfgang Lieb und Albrecht Müller und die von Redakteur Jens Berger zusammenzustellen. Danke auch an Willy Wimmer, der uns den Abdruck seines Beitrages gestattet hat.

208 Seiten
ISBN 978-3-86489-080-2
€ 16,99
Auch als eBook erhältlich

»Bröckers und Schreyer haben das richtige Buch zum passenden Zeitpunkt verfasst«   *Der Freitag*

Was geht Deutschland die Ukraine an? Und wie kommt es, dass ein gescheitertes Abkommen mit der EU zu einer der gefährlichsten Krisen führte, die Europa in den vergangenen Jahrzehnten erlebt hat? Alles Putins Schuld? Zieht er allein die Fäden, kompromiss- und rücksichtslos? Oder ist die Wahrheit hinter diesem Konflikt, der nun den Frieden eines ganzen Kontinents bedroht, doch komplexer? Und vor allem: Welche Rolle spielen eigentlich die Medien dabei, die, wie schon zuvor bei der Finanzkrise, durch unkritische Berichterstattung glänzen und durch einen Mangel an objektiven Informationen? Sind sie längst selbst zur Partei geworden? Mathias Bröckers und Paul Schreyer schauen hinter die Kulissen eines politischen Spiels, das für viele längst tödlicher Ernst geworden ist.

240 Seiten
ISBN 978-3-86489-067-3
€ 16,99
Auch als eBook erhältlich

VERSCHLAFEN WIR UNSERE ZUKUNFT?

Uns geht's gut, erzählt uns die Kanzlerin, unterstützt von vielen
Medien. Sie lullt uns mit dem Märchen ein, es könnte alles so
bleiben, wie es ist, wenn wir nur weitermachen wie bisher. Und
kaum jemand widerspricht, vor allem, seit SPD und Grüne um
die Rolle als Merkels Juniorpartner konkurrieren. Das heißt aber
auch, Opposition muss jetzt mitten aus der Gesellschaft kommen,
von uns Bürgerinnen und Bürgern. Denn eines ist klar: Wenn
nicht wir die Welt verändern, wird sie uns verändern – mehr,
als uns lieb sein kann. Und dann droht auch unsere sogenannte
„Insel des Wohlstands" unterzugehen.

DIE ERSTE ABRECHNUNG
MIT DER GROSSEN KOALITION!

160 Seiten
ISBN 978-3-86489-079-6
€ 13,99
Auch als eBook erhältlich

DER MENSCH – NUR EINE RESSOURCE?

Kinderbetreuung, Krankenhäuser, Pflegeheime –
nicht einmal hier macht das neoliberale Wirtschaftsdenken halt.
Ulrich Schneider fordert einen radikalen Wechsel und
Rahmenbedingungen, die soziale Arbeit wieder möglich machen.

DAS BUCH IST EINE ALARMIERENDE BESCHREIBUNG DER SOZIALPOLITISCHEN ENTWICKLUNG UNSERES LANDES.

Norbert Blüm

256 Seiten
ISBN 978-3-86489-070-3
Auch als eBook erhältlich

KEIN SOMMER OHNE SÜDWIND

Jahrhundertelang sind wir in den Süden gereist, um Kultur und Küche zu genießen und um uns nicht zuletzt von uns selbst zu erholen. Doch seit wir durch den Euro in einer Familie mit dem Süden leben, mögen wir ihn nicht mehr. Sebastian Schoepp bereiste Südeuropa und porträtiert einen Lebens-, Kultur- und Wirtschaftsraum, der seit Jahrhunderten Schauplatz vielfältiger Formen der Entwicklung und Begegnung ist und heute nicht auf ein Bündel ökonomischer Größen reduziert werden darf. Er zeigt, wie der Süden tatsächlich funktioniert, wie die Menschen leben, arbeiten, hoffen, was sie antreibt und wie stark sie sich in den letzten Jahren verändert haben. Höchste Zeit, dass der Norden und der Süden endlich ihre Potenziale bündeln.

JENS BERGER
WEM GEHÖRT
DEUTSCHLAND?

SPIEGEL Bestseller

WESTEND

Die wahren Machthaber und das
Märchen vom Volksvermögen

224 Seiten
ISBN 978-3-86489-053-6
€ 17,99
Auch als eBook erhältlich

»Pflichtlektüre für Denker«
Frankfurter Rundschau

»Unvorstellbare Zahlen«
Der Freitag

»Ein extrem wichtiges Buch«
NDR Info

»Jens Berger könnte mit seinem neuen Buch locker für
ebenso viel Aufregung sorgen wie der Ökonom Thomas
Piketty«
Nürnberger Nachrichten